잠언은 복음이다

잠언은 복음이다

송상철 목사의 잠언에서 캐낸 복음

국민북스

진주인가? 조개인가?

진주는 진주조개 속에 있다. 바다에서 진주조개를 건졌다면 조개를 건졌다고 할 것인가? 진주를 건졌다고 할 것인가? 잠언에 대한 몇 가지 입장 가운데 잠언이 하나님의 계시가 아니라 옛날 교훈이나 금언들을 모아 편집한 인간의 작품이라는 주장이 있다. 이것은 성경이 하나님의 말씀인 것을 부인함으로 우리 신앙의 근본을 흔드는 사상이다. 또한 잠언은 하나님 말씀이지만 복음이 아니라 삶에 도움이 되는 교훈정도로 생각하는 사람들도 있다.

과거에 마르틴 루터가 야고보서를 행함만 강조하고 믿음을 말하지 않는다며 '지푸라기 서신'이라고 말했다가 후에 생각을 바꾼 적이 있다. 잠언을 인간의 작품이라거나 단순한 교훈으로 생각하는 사람들은 루터와 같이 생각을 바꾸게 될 것이다. 아니, 바꿔야 한다. 잠언은 구원받은 성도들에게 풍성한 하나님 나라를 누리게 하는 아주 중요한 말씀이다.

최근에야 나는 하나님의 은혜로 잠언이 놀라운 복음의 비밀을 담고 있는 말씀인 것을 깨달았다. 잠언은 "지혜를 얻으라"고 말한다. 잠언이 말하는 지혜는 보통지혜가 아니다. 이 지혜는 인격적 존재이다. 잠언은 하나님이 천지를 창조하실 때 그 지혜가 곁에 계셨고, 창조자가 되었다고 말한다. (잠 8:27~30) 그 지혜가 누구인가? 바로 주 예수 그리스도시다. 잠언은 지혜이신 예수님을 가르쳐주는 복음이다. 그래서 잠언을 잘 읽으면 단순한 처세적인 금언이 아니라 예수 그리스도와 복음을 발견하게 된다. 그래서 잠언은 복음이다.

왕의 복음이 어디 있는가?

구약은 율법이고 신약은 은혜란 말이 맞는가, 틀리는가? 틀린다. 넓게 보면 구약도 예언과 예표, 상징, 그림자, 약속으로 예수 그리스도에 대해 가르쳐주는 영생의 말씀이다. 잠언은 만왕의 왕이신 예수님이 주신 구약의 복음이다. 모든 성경은 영생을 얻게 하는 말씀으로 그 모두가 예수님에 대해 기록하고 있다.

그러므로 잠언을 결코 처세적인 격언으로 읽지 말고 '왕의 복음'으로 읽고 믿어서 생명을 더 풍성히 얻기 바란다. 복음과 구원이란 무엇인가? 애굽의 노예 생활에서 해방되는 것이 구원인가? 아니면 가나안 땅에 들어가는 것이 구원인가? 노예의 상태에서 해방되는 것은 구원의 시작이고 가나안에 들어가는 것은 구원의 완성이다. 구원에는 반드시 '…로 부터의 구원'과 '…를 향하는 구원'이라는 두 가지 요소가 필요하다.

우리는 죄와 멸망으로부터 구원을 받아야 한다. 우리 삶에서 하나님 나라를 누리는 구원이 이루어져야 한다. 잠언은 하나님 나라 왕의 예표인 솔로몬 왕이 그 자녀인 왕자들에게 교훈하는 형식으로 주신 말씀이다. 이것은 하나님 나라의 왕자와 공주들로 거듭난 우리들을 가르치기 위한 내용들이다. 하나님이 본래 디자인하신 사랑

과 기쁨, 왕권, 번성, 부요를 회복해서 그 복을 풍성히 누리고 펴주
는 복의 근원으로 살라는 것이다. 잠언을 통해 왕이신 예수님을 만
나기 바란다. 예수님은 나의 구세주다. 그리고 예수님은 나의 주인
이다. 뿐만 아니라 예수님은 나의 왕이다.

예수님의 마음은 무엇인가?

46년 동안 목회하면서 계속 '예수님의 마음이 무엇일까?'를 생각
했다. 나는 "도적이 오는 것은 도적질하고 죽이고 멸망시키려는 것
뿐이요 내가 온 것은 양으로 생명을 얻게 하고 더 풍성히 얻게 하려
는 것이다"라는 요한복음 10장 10절 말씀에서 그 답을 찾았다. 예수
님의 마음은 모든 사람들에게 생명을 주는 것이다. 우리는 예수 믿
어 죄 사함 받고 영생을 얻어야 한다. 영생을 얻지 못하면 아무리 돈
이 많은 거부라도 실패한 인생을 산 것이다. 또한 세상 비밀을 다 아
는 지식을 가진 자라고 해도, 세계 최고의 권력자라고 해도 모두 실
패한 것이다. 성경은 "한번 죽는 것은 정한 것이며 그 후에는 심판이
있다"고 말한다. 그러므로 우리 모두는 예수 믿고 영생을 얻어야 한
다. 그리고 더욱 풍성히 살아야 한다. 이것이 중요하다. 땅에서 대충
살다가 죽어 천국에 가는 것이 아니다. 이 땅에서부터 영생을 얻어
천국의 풍성함을 누려야한다.

구약을 보는 새로운 시야

구약은 율법서, 선지서, 지혜서, 시가서 등으로 구분된다. 율법서

는 율법을 통해 죄인인 것을 깨닫고 어린양 예수의 피로 죄 사함 받아 하나님 나라의 백성이 되는 것을 말한다. 모세오경이 바로 그것이다. 선지서는 하나님 계명대로 살아 거룩한 백성과 거룩한 나라가 되라고 가르친다. 지혜서는 일단 하나님의 자녀가 되었다면 왕의 황실 경영의 지혜를 배워 풍성하게 살면서 하나님 나라를 확장하라고 말한다. 잠언에는 나라를 통치하는 황실 경영의 지혜, 하나님의 나라 백성이 풍성하게 살 수 있는 귀한 지혜 등이 가득 차 있다. 그래서 나는 잠언을 '왕의 복음'이라고 부르고 싶다.

잠언에는 사람을 변화시키는 능력이 있다.

나는 미국 애틀랜타의 칙필레(Chick-fil-A) 본사와 회장의 집무실을 방문해서 말로 다 할 수 없는 큰 감동을 받았다. 칙필레의 창업자 트루엣 캐시(1921~2014)는 '명예가 재산보다 중요하다'는 잠언 22장 1절 말씀을 신앙철학, 경영철학으로 삼아 칙필레를 세계적인 기업으로 키웠다. 칙필레는 1967년에 애틀랜타에서 1호점을 오픈한 이후 현재 1,800개 이상의 지점을 가진 세계적인 기업으로 성장했다. 생전에 그는 60억 달러의 자산으로 포브스가 선정하는 세계 최고 부호 가운데 15위에 오르기도 했다. 트루엣 회장은 늘 이렇게 말했다고 한다. "나는 성경을 통해 가난을 끊어내는 방법을 배웠다. 나는 좋은 경영 원리와 성경적 원리가 충돌되는 것을 느끼지 못했다. 성경 말씀 그대로 주일에 문을 닫는 것은 내가 만든 어떤 것보다 가장 큰 경영전략이다. 나는 이러한 성경적 가치를 버리면서까지 경제적 성공을 위해 헌신한 적이 없다. 예수님은 '주는 것이 받는 것보다 더 복이 있다'고 말씀하셨다. 왜 최선을 다하지 않는가?(Why not do your best, why not?)"

트루엣 캐시 회장은 성경으로 인생과 경영철학을 만들었다. 그럼으로써 큰 성공을 거둘 수 있었다. 사람들에게 "제일 좋아하는 성경이 어디냐?"고 물으면 많은 분들이 잠언이라고 대답한다. 교회에 처음 나온 사람들도 잠언은 쉽게 이해한다. 불신자들도 잠언이 지혜를 준다고 생각하며 자주 인용한다. 그러나 거듭 말하지만 잠언은 단순한 세상지식과 인생철학, 삶의 지혜만을 알려주는 책이 아니다. 잠언은 복음이다! 모든 성경은 예수님에 대해 가르친다. 성경은 읽는 사람들에게 예수 그리스도를 믿게 해서 영생을 얻게 하는 하나님의 살아 있는 말씀이다. 우리는 잠언 속에서 예수 그리스도의 복음을 발견해야 한다. 조개 속에서 진주를 찾아내듯 잠언 가운데 복음을 찾아내어 삶에 적용한다면 인생에 결정적 유익이 될 것이다.

부디 이 책을 통해서 독자 여러분들이 주 예수 그리스도의 복음을 발견하기 바란다. 그래서 예수님을 나의 구세주요, 주인이요, 왕으로 모시기 바란다.

2020년 봄, 애틀랜타에서

송상철

송상철 목사님은 복음 전도에 생명을 던진 분이다. 복음을 너무나 사모한다. 그래서 낙엽 떨어지는 소리에서도 복음을 들을 줄 알고 흐르는 시냇물 속에서도 복음을 건져낸다. 잠언에서 복음을 캐낸 보화로 가득한 책인 '잠언은 복음이다'의 출간을 참으로 기쁘게 생각하며 일독을 권한다. 잠언에서 선포되는 복음은 신자들로 하여금 죽어서 가는 천국만이 아닌, 지금 여기 이 땅에서 천국을 살게 하는 길라잡이가 될 것이다.

호성기 목사(필라델피아 안디옥교회 담임, Kimnet 선교회 대표회장)

저자가 잠언의 광맥에서 캐낸 지혜의 보화는 실로 풍성하다. 그는 잠언에서 지혜이신 예수님의 왕적 복음을 듣고 그 통전적 성격을 드러낸다. 잠언은 우리를 풍성한 삶으로 초대한다. 또한 천국의 부르심을 깨닫게 하며 삶을 변화시키는 능력이 있다. 온축된 목회경험과 복음전도의 열정이 묻어나는 저자의 잠언탐구는 신앙과 삶, 신학과 실천을 아우르는 지혜의 통합적 특성을 잘 보여준다. 하나님, 타인, 자신과의 관계를 새롭게 하기 원하는 독자들에게 필독을 권한다.

성주진 박사(전 합동신학대학원대학교 총장, 구약학 교수)

많은 신학자들과 성도들이 잠언을 속담과 격언들을 모아놓은 지혜서라 부르지만 저자는 잠언이 하나님의 말씀이라고 강조한다. 그러면서 예수를 믿음으로 받는 구원과 구원받은 하나님의 자녀들이 얼마나 큰 영광과 지혜를 누리며 살 수 있는가를 설파한다. 이 어찌 놀라운 깨달음과 독특한 시각이라고 칭송하며 감동하지 않을 수 있겠는가? 신자의 인격적 삶과 기쁨의 본질을 제시하는 송 목사님의 걸작을 강력히 추천한다. 어둡고 험한 세상살이 중에서라도 필독하시기를 바란다.

고명진 목사(수원중앙침례교회 담임, 예닮학원 이사장)

저자는 현실에 발 딛고 사는 신자들에게 진정한 삶의 지혜를 잠언에서 길어 올린다. 잠언을 탁월한 설교로 풀어냈다. 원숙한 장인처럼 잠언에서 정교하고도 유용한 명품 도자기를 만들어 낸다. 이 책에는 피상적이고 사변적인 메시지가 아니라 마음에 와 닿는 실제적 메시지가 담겨 있다. 원숙한 설교자가 적절한 예화들과 가슴을 따뜻하게 하는 말씀들, 신앙을 격려하는 가르침들로 품격 있는 책을 만들어 냈다. 문체가 쉽고 경쾌해 읽는 이들의 큰 공감을 불러일으킬 것이다. 잠언을 설교하는 목회자들과 신학생들에게 적극 추천한다.

류호준 박사(전 백석대학교 부총장, 구약학 교수)

우리는 예언은 사람의 뜻으로 낸 것이 아니라 오직 성령의 감동을 받은 사람들이 하나님께 받아 말한 것이며 모든 성경은 하나님의 감동으로 기록되었다고 고백한다. 우리 시대에 성령의 감동으로 잠언 속에 있는 복음의 보석을 캐낸 송상철 목사님의 귀한 책을 적극 추천한다. 이 책을 읽는 모든 사람들이 잠언에서 복음의 보석을 캐낼 수 있기를 바란다.

임현수 목사(전 토론토 큰빛교회 담임, 30개월 북한 억류, GAP, TMTC 선교회 대표)

인간은 지혜를 탐구하는 존재이다. 이솝의 이야기보다 1000년 이상 앞선 수메르시대에도 지혜를 모은 격언집이 있었다. 그러나 성경의 잠언은 단순한 격언이 아니라 하나님에게서 나온 진리와 영원에 관한 참 지혜의 말씀들이다. 더 사모하고 배워야 한다. 이런 연구서들이 많이 나오기를 고대하던 중 복음에 충실한 저자가 귀한 책을 출판하여 기쁨으로 추천한다. 쉽고 명쾌한 해설과 함께 이 시대에 꼭 필요한 지혜를 집어주는 주옥같은 말씀들을 통해서 삶이 영적으로 더욱 풍성하게 될 것이다.

김남철 박사(성경 n 메소포타미아 유물관 대표, 성서 고고학 교수)

목차

01

입술의 강력한 위력을 기억하라

"죽고 사는 것이 혀의 힘에 달렸나니
혀를 쓰기 좋아하는 자는 혀의 열매를 먹으리라"

(잠 18:21)

미국의 36대 대통령이었던 린든 B. 존슨은 서랍 속에 자기만 확인하는 메모를 비밀스레 간직해두고 있었다고 한다. 그 메모에는 '사람에게 사랑 받는 9가지 법칙'이 적혀 있었다. 그 법칙은 다음과 같다. 1)사람 이름을 반드시 기억하라. 2)부담을 주지 않는 온화한 인물이 되라. 3)상대의 마음을 상하게 하지 않는 포근함을 몸에 배게 하라. 4)자신을 자랑하거나 무엇이든 다 알고 있다는 인상을 주지 마라. 5)나보다 남에게 유익을 주려는 폭넓은 마음을 가지라. 6)오해의 소지는 풀릴 수 있도록 진지한 노력을 다하라. 7)사람을 이용하려고 하지 마라. 8)축하의 말과 위로의 말을 잘 사용하라. 9)무시당하는 느낌보다 존중받고 있다는 느낌을 갖게 하라.

나는 여기에 '항상 기도하고 감사하며 축복하라'는 한 가지 법칙을 더하고 싶다. 즉 '사랑 받는 사람이 되기 위한 9+1 법칙'이라고 할 수 있다.

이 10가지를 자세히 살펴보면 모두 성경에서 발견되는 교훈이라는 사실을 알 수 있다. 잠언 18장 21절이야말로 우리가 반드시 기억해야 할 내용이다. "죽고 사는 것이 혀의 권세에 달렸나니 혀를 쓰기 좋아하는 자는 그 열매를 먹으리라." 얼마나 귀한 말씀인지 모른다. 말은 너무나 중요하다. 정말로 죽고 사는 것이 말에 달려 있다. 크리스천들은 주 예수 그리스도를 구주와 왕과 주인으로 영접해야 한다. 영적인 눈이 열리도록 기도해야 한다. 무엇보다 마음을 지켜야 한다. 그리고 중요한 한 가지는 '말을 바꾸라'는 것이다. 말을 바꾸면 우리 인생에서 놀라운 일이 벌어진다.

1. 말을 바꾸면 세상의 모든 것이 바뀐다

사람의 말은 자기 자신에게 던지는 예언과 같다. 말은 사람의 생각에 생명과 실체를 부여한다. 한 사람이 말을 통해 생각에 생명을 부여하면 그의 행동과 인생이 말한 그대로 따라간다. 풀을 먹는 말이 짐을 끌고 가듯 사람의 입에서 나오는 말이 인생을 끌고 간다. 우리가 '말을 조심해야 하는 이유'가 바로 여기에 있다. 말한 대로 인생이 끌려가기 때문이다. 그러므로 우리는 말을 제대로 해야 한다.

인생은 관점의 문제다. 자기 앞에 놓인 것을 어떻게 해석하며 받아들이는가에 따라 인생이 결정된다. 가령 앞에 커다란 산이 있다고 생각해보라. 어떤 사람은 산이 너무나 높다고 불평할 것이다. 그 산을 넘기 힘들어서 미리 주저앉아 버릴 수 있다. 그러나 산이 높다고 불평하지 말고 그 거대한 산을 창조하신 하나님의 위대하심을 경배하고 선포해보라. 관점이 달라진다. 그 산을 만드신 분이 우리의 하늘 아버지임을 생각하고 입으로 그분의 위대하심을 선포하면 그 산은 더 이상 장애물이 아니라 축복이 된다.

하나님은 자기를 높이는 사람을 높여주신다. 하나님은 모든 것을 하실 수 있는 능력이 있다. 마가복음 11장 23절에는 놀라운 말씀이 기록되어 있다.

"내가 진실로 너희에게 이르노니 누구든지 이 산더러 들리어 바다에 던져지라 하며 그 말하는 것이 이루어질 줄 믿고 마음에 의심하지 아니하면 그대로 되리라."

이 얼마나 엄청난 말씀인가? 의심하지 않고 믿으며 선포한다면 (말한다면) 산을 들어 바다에 던질 수 있다는 것이다. 이것은 단지 비유로 말씀하신 것이 아니다. "그대로 되리라"는 하나님의 말씀을 의심하지 않고 믿음으로 선포하면 지금 시대에도 이 같은 기적이 우리 인생 가운데 수없이 일어날 것이다.

사람은 무의식적으로 좋은 말이든 나쁜 말이든 자기 말에 생명을 부여하며 그 말대로 행동한다. 조용히 자기를 관찰해보면 이 사실을 알 수 있다. 그래서 믿음대로 되고, 말하는 대로 되는 것이다. 그러니 오늘 어떤 말을 할 것인가? 긍정의 언어, 살리는 언어를 사용해야 한다. 그러면 내 능력 이상의 것들이 이루어진다. 그럼에도 많은 사람들은 계속 부정적인 말을 하면서 실패할 수밖에 없는 인생을 살고 있다.

"내게는 절대로 좋은 일이 생기지 않아." "나는 절대로 성공할 수 없어." "나는 그런 자격과 능력이 없어." "나는 이 어려운 일을 감당할 수 없다고"

심지어 스스로 자기에게 아주 나쁜 이름을 붙이는 사람들도 있다.

"이런 바보 천치." "이런 한심하고 무능한 인생아." "제대로 하는 게 없는 이 돌대가리야." "이 무식한 것아, 좀 더 배우라고."

매일 이런 말을 듣고 산다고 생각해 보라. 이런 말을 듣는 사람들이 어떤 일을 이룰 수 있겠는가? 이런 말을 듣고 사는 자녀들에게 성공을 기대할 수 있을까? 성공 대신 실패를 추구하는 사람은 아무도 없을 것이다. 누구나 자녀들이 훌륭한 인재로 자라날 것을 소망한다. 그럼에도 매일 말을 통해 성공이 아니라 실패의 계단을 쌓고 있는 것이 현실이다. 사람들은 생각 없이 부정적인 말, 믿음 없는 말을 하며 실패를 향해 달려가고 있는 것이다. 오늘 자신이 쓰는 말을 점검해야 한다. 축복의 말을 사용하는지, 아니면 저주의 말을 내뱉는지를 살펴보고 자신의 언어에 문제가 있었다면 당장 말을 바꾸어 보라. 그러면 기적이 일어날 것이다.

2. 말은 밭에 뿌려져 수확하게 하는 씨앗과 같다

입 밖으로 나온 말은 우리의 무의식 속에 심겨져 뿌리를 내리고 자란다. 그리고 그 말한 내용과 똑같은 열매를 맺는다. 내가 끊임없이 희망과 믿음을 말하면 삶이 긍정적인 방향으로 펼쳐진다. 반대로 절망과 불신에 대한 말을 계속 하면 내 삶 또한 절망적으로 치달을 것이다. 이것은 분명한 사실이다. 말은 씨앗과 같다. 씨앗에 따라 열매가 결정된다. 어떤 말의 씨앗을 뿌렸느냐에 따라 열매가 달라진다. 부정적인 말을 심으면 어두운 열매를 맺게 되어 있다. 패배와 실패, 미움을 말하면서 승리의 삶을 살려는 것은 정말 어리석은 일이다.

뿌린 대로 수확한다! 지금의 삶은 지난 시절 내가 뿌린 씨앗의 결과다. 앞으로의 삶은 지금 내가 뿌린 씨앗에 따라 결과가 정해진다. 잘 거두는 인생을 살기 위해서는 잘 뿌려야 한다. 그동안 부정적 씨앗을 뿌렸다면 당장 그 씨앗을 바꿔야 한다. 말의 씨앗을 바꾸면 인생이 달라진다. 아직 늦지 않았다. 지금 뿌리는 말의 씨앗으로 인해 우리 인생이 결정된다는 사실을 명심해서 믿음과 소망, 기쁨과 긍정, 축복과 행복의 말을 구사하라!

> 말은 씨앗과 같다. 씨앗에 따라 열매가 결정된다. 어떤 말의 씨앗을 뿌렸느냐에 따라 열매가 달라진다.

프랑스의 해바라기 밭은 세계적으로 유명하다. 처음부터 해바라기 밭이었던 것은 아니었고 본래는 밀밭이었다. 프랑스 사람들은 오랜 세월동안 습관대로 밀을 심었다. 그러다 언젠가부터 밀보다 해바라기가 훨씬 더 수익성이 좋다는 것을 알게 되었다. 그들은 그때부터 밀이 아니라 해바라기 씨앗을 심었다. 그 결과, 해바라기 밭은 그 자체가 관광과 예술 자원이 되었으며 거기서 나오는 해바라기 씨는 산업과 건강 자원이 되었다. 밀을 뿌리던 관습을 버리고 해바라기 씨앗을 뿌린 결과는 놀라웠다.

인생과 일이 잘 풀리는 사람을 주의 깊게 관찰해 보라. 그들의 말하는 방식이 다르다는 사실을 알게 될 것이다. 그들은 언제나 상대방의 감정을 이해하고 배려하며 말한다. 말 한마디 그냥 하는 법이 없이 늘 마음에 감동을 주는 말을 한다. 그들은 프로젝트보다는 인간관계를 더 중시한다. 상대방이 존중받는다고 느끼는 말을 많이 한다. 그들은 매일 말을 통해 성공의 씨앗을 뿌리고 있는 것이다. 그러니 그들의 인생과 일이 술술 풀리지 않을 수 없다. 자, 이제 당신은 오늘 어떤 말의 씨앗을 뿌리겠는가?

3. 말은 큰 배를 움직이는 방향키와 같다.

아무리 큰 배라도 작은 키가 배 전체의 방향을 조절한다. 마찬가지로 신체 가운데 지극히 작아 보이는 혀가 인생의 방향을 좌지우지하며 우리를 끌고 간다. 2019년 5월에 헝가리 다뉴브 강에서 유람선이 대형 크루즈선과 충돌, 많은 한국인 관광객들이 죽었다. 술에 취한 크루즈선의 선장이 키를 잘못 움직여 큰 불행이 생긴 것이다.

"또 배를 보라 그렇게 크고 광풍에 밀려가는 것들을 지극히 작은 키로써 사공의 뜻대로 운행하나니"(약 3:4)

이 말씀처럼 작디작은 혀가 우리의 모든 인생을 끌고 간다. 습관적으로 실패의 말을 내뱉는 사람은 그 말대로 불행한 삶을 살 수밖에 없다. 말이 불행으로 한 사람을 끌고 가는 것이다. 그러므로 불행에서 행복으로 전환하기 위해서는 환경을 바꾸기 전에 먼저 자신의 말을 바꾸어야 한다.

"나는 할 수 없어." "나는 능력이 없어." "우리는 문제가 많아."
　이렇게 부정적인 말을 자주 하면 우리는 점점 실패를 향해 치닫게
된다. 부정적인 말은 우리를 하나님의 사람이 되지 못하게 막는 가
장 큰 장애물이다. 간절한 마음으로 말씀을 믿고 계속해서 말로 시
인하면 우리의 영이 그 말씀을 이루기 위해 전인격적으로 노력하기
시작한다. 그리고 하나님이 축복하셔서 그 믿음과 그 말대로 되게
해주신다. 아침에 눈을 뜨면 거울을 보며 이렇게 말하라.

"나는 예수 안에서 정말 소중한 존재다!"
"나는 놀라운 사랑을 받고 있다!"
"하나님은 나를 위해 위대한 계획을 세워놓으셨다!"
"나는 어디를 가든지 은혜 받고 형통할 것이다!"
"차고 넘치는 하나님의 복이 항상 나를 따르고 있다!"
"나는 무엇을 하든지 번성하고 창대해질 것이다!"
"아름다운 미래가 나를 기다리고 있다!"
"나는 약하고 부족하지만 하나님이 나를 사랑하시기 때문에 가치
있게 쓰일 수 있다!"
"나는 건강하고 행복하며 감사 넘치는 인생을 살 수 있다!"

　이런 내용을 말하다 보면 저절로 긍정의 엔도르핀이 솟구칠 것이

다. 절대로 지치거나 중단하지 말고 마음으로 믿으며 입으로 하나님 은혜를 고백하고 시인하기 바란다. 지금 당장, 오직 믿음과 희망의 말을 하겠다는 마음의 결단을 해야 한다. 부정적 상황에 부딪히더라도 그 상황을 긍정의 언어로 해석해 입으로 고백하는 훈련을 해야 한다. 그러다 보면 어느 순간 놀라운 번성과 승리, 영광을 맛보게 될 것이다. 이것을 반드시 믿어야 한다. 자, 다시 거울 앞에 서서 긍정의 언어를 연습하시라. 그리고 사랑하는 가족들에게 따뜻한 격려의 말을 전하시라. 오늘 밖에 나가서 만나는 첫 번째 사람에게 "아세요? 당신이 정말 소중한 사람이라는 사실을요"라고 말을 건네 보시라. 놀라운 일이 생길 것이다.

4. 말은 세상을 태워버리는 불과 같다.

무심코 나온 말 한마디는 아무것도 아닌 것처럼 보여도 그 말에는 인생을 불태우고도 남는 강한 힘이 있다. 2019년에 미국 캘리포니아 주와 인도네시아에서 큰 산불이 났었다. 대한민국 전 국토와 같은 면적의 땅이 불탔고 모든 산림과 건물들이 잿더미가 됐다. 그 시작은 지극히 작은 불씨 하나였다. 작은 불씨 하나가 이 같은 재앙을 가져온 것이다. 그래서 우리는 아무리 작은 말 한마디라도 조심스럽게 사용해야 한다. 상황이 어려워 일이 풀리지 않고 힘든 일이 계속 터질 때 특히 말조심을 해야 한다.

"이와 같이 혀도 작은 지체로되 큰 것을 자랑하도다 보라 얼마나 작은 불이 얼마나 많은 나무를 태우는가 혀는 곧 불이요 불의의 세계라 혀는 우리 지체 중에서 온 몸을 더럽히고 삶의 수레바퀴를 불사르나니 그 사르는 것이 지옥 불에서 나느니라."(약 3:5~6)

말로 인해 옮겨 붙은 불이 마치 지옥불과 같다는 것이다. 정말 그렇다. 말은 가정을 천국처럼 만들 수도, 지옥처럼 만들 수도 있다. 죄인의 성품으로 가득 찬 우리들은 말을 통해 가정과 국가를 천국보다는 지옥으로 만드는 경향이 크다. 요즘 한국을 보면 정말 말이 온 나라를 지옥처럼 만든다는 것을 실감할 수 있다.

지옥이 따로 없다. 말을 함부로 하는 가족이 모인 가정은 지옥과 같다. 아무 생각 없이 내뱉는 말 한마디 한마디가 가정을 불태운다. 가장의 독한 말 한 마디가 가정을 활활 태워버리는 것이다. 그러면 돈과 재능, 지식도 모두 쓸모가 없어진다. 다 타버린다. 재로 변하게 된다. 그것은 한 가정으로 끝나지 않고 이웃으로 번지며 마을과 국가로 번지게 된다. 나라 전체가 잿더미가 되는 것이다.

그런 불태우는 말들이 나와 가정을 태우려 다가올 때에는 급히 맞불을 놓아야 한다. 사랑과 긍정의 말, 격려와 칭찬의 말, 축복의 말로 맞불을 놓게 되면 저주와 죽음의 불길은 더 이상 침투하지 못하게 된다. 긍정과 사랑의 말로 불태워진 곳에는 다른 불이 옮겨 붙지 않는다. 그러므로 우리 가슴을 '살리는 언어'로 불태워야 한다.

5. 말은 병과 상처를 치료하는 약과 같다

상처와 고통으로 아프면 치료제를 복용해야 한다. 긍정과 희망, 사랑과 격려의 말은 우리 인생의 치료제다. 인생에 가해지는 통증을 느낄 때마다 이런 치료제를 먹어야 한다. 항상 웃음과 기쁨을 주는 말을 해야 한다. 일이 꼬이며 마음이 아프다고 사람들에게 불평과 원망을 하고 신세한탄만 늘어놓으면 결국 그 상처가 덧나고 염증이 생겨 더 심한 병으로 발전하여 결국 자기파멸만 불러오게 된다.

"칼로 찌름같이 함부로 말하는 자가 있거니와 지혜로운 자의 혀는 양약과 같으니라."(잠 12:18)

지혜로운 사람에게서 나오는 말이 좋은 약이 되어 사람들의 상처를 치유한다는 것이다. 지금 도처에서 '칼로 찌르는 말'이 난무하고 있다. 한국의 정치와 사회에서도, 심지어 교회에서도 그 찌르는 말이 수많은 사람들을 아프게 하고 심지어는 죽이고 있다. 우리는 '말에 지혜로운 사람'이 되어야 한다. 힘들수록 감사하는 말을 해야 한다. 상처가 너무나 커서 통증이 심하다면 자신이 사용하는 말을 점검하기 바란다. 그동안 함부로 내뱉었던 말을 잠시 중단하고 주님께 나아가 성령이 주시는 지혜를 구해야 한다. 그래서 '찌르는 말'을 '치유하는 말'로 바꿔야 한다. 말만 바꿔도 인생이 행복해지면서 상처가 치유된다.

"내가 잘못했다"는 말을 통해 솔직하게 자신의 잘못을 인정함으로써 상대방의 상처를 치유할 수 있다. "아, 그랬구나"라고 맞장구치며 상대의 감정을 이해하고 공감하는 말을 한다면 그 상대방의 마음은 눈 녹듯 녹아질 것이다. "앞으로 더 잘할게"라는 말 한마디로 인해 상대는 자신이 존중 받는다는 느낌을 갖게 된다. 오늘 아내 앞에서, 남편 앞에서 이 말들을 사용해 보시라. 당신의 가정이 금방 사랑이 샘솟는 가정으로 변화될 것이다. 상처가 곪아 터져 무서운 암으로 변형되기 전에 말을 바꿈으로 치료를 해야 한다.

6. 말은 그 사람의 진정한 신앙고백이다

마음에 쌓은 선에서 선이 나오고 마음에 쌓은 악에서 악이 나온다. 이것이 정해진 이치다. 만약 당신이 항상 말로 불평을 쏟고 있다면 당신에게는 주님께 모든 것을 맡기는 믿음이 없다는 것을 의미한다.

"사람이 마음으로 믿어 의에 이르고 입으로 시인하여 구원에 이르느니라."(롬 10:10)

주 예수 그리스도께서 내 모든 죄와 저주를 담당하고 십자가에서 죽으셨으며 영원한 생명을 주시기 위해 부활하신 것을 마음으로 믿고 입으로 고백하는 자는 누구나 구원을 받는다. '마음속의 믿음'은 눈에 보이지 않는 영적인 의를 가져온다.

반면에 '입으로 시인하는 믿음'은 영혼과 육체, 전 인생에서 구원의 변화를 불러온다. 내가 하는 말을 통해 내 믿음이 나타나게 된다. 그것은 명확하게 눈에 보인다. 야고보 사도는 "행함 없는 믿음은 그 자체가 죽은 것"이라고 분명히 말했다. 믿음을 행함으로 나타내 보이는 첫 번째 도구가 바로 말이다. 말에서 나오는 고백이 그 사람의 믿음의 분량을 보여주는 것이다. 그러므로 믿음 가운데 성장하며 전능하신 하나님의 신비한 일을 보기 원한다면 말을 통해 분명한 믿음의 고백을 해야 한다.

우리는 매일 입술을 열어 하나님의 생명의 말씀을 선포해야 한다. 하나님을 찬양하고 감사해야 한다. 이것이 우리의 소원이 되어야 한다. 억장이 무너지고 세상 모든 것이 내게 등을 돌리는 것처럼 느껴질 때야말로 부정적인 태도와 말을 버리고 믿음의 말을 해야 할 기회의 때다. 믿음의 말을 하면 내 마음의 상태와 주변 상황이 바뀌게 된다. 나를 무너뜨리는 것은 상황이 아니라 바로 나의 생각과 말이다.

거듭 말하지만 혀에는 엄청난 힘이 있다. 성경은 죽고 사는 게 혀의 권세에 달렸다고 말한다. 말을 바꾸면 마음과 상황이 바뀌어진다. 믿음의 말을 하는 순간 시련의 끝이 보인다. 믿음의 말을 할 때에만 '모든 고통은 변장된 축복'이라는 사실을 깨닫게 된다. 내 말이 내 믿음의 고백이라는 사실을 반드시 기억해야 한다.

7. 말은 가정과 교회, 공동체를 신뢰로 묶어주는 힘이 있다

심리학자들은 '공동의 힘(communal strength)'이란 말을 많이 사용한다. 가정과 교회에 공동의 힘이 커져야 한다. 어떻게 그 공동의 힘을 크게 할 수 있는가? 그 비결은 성도들과 가족들이 서로 "감사하다"는 말을 많이 하는 것이다.

"항상 기뻐하라 쉬지 말고 기도하라 범사에 감사하라 이것이 그리스도 예수 안에서 너희를 향하신 하나님의 뜻이니라."(살전 5:16~18)

우리는 늘 '하나님의 뜻'이 무엇인지를 구한다. 하나님의 뜻은 간단하다. 기뻐하고 기도하며 감사하는 것이다. 그것이 우리를 향한 하늘 아버지의 뜻이다. 우리가 감사할 때 하나님의 뜻을 이루는 것이다. "감사합니다"와 "고맙습니다"란 말을 하루에 열 번 이상 소리 내어 말해 보라. 놀라운 변화를 체험할 것이다.

이런 '감사의 말'은 청각을 통해 뇌로 들어가고 대뇌피질에 기억되어 자율신경계로 가서 마음에 평안과 안정을 가져다준다. 가족과 성도, 친구와 연인에게 "고맙다"는 말을 더 자주, 더 많이 할수록 서로의 관계가 친밀해진다는 연구결과도 나왔다. 그렇게 말하는 사람과 듣는 사람 모두 만족감과 책임감을 느끼게 되며 그런 감정이 관계를 강화시킨다는 것이다.

신자들은 무엇보다 하나님께 더 많이, 더 자주 감사해야 한다. 그러면 범사에 잘되는 역사가 일어난다.

"창조주 하나님, 감사합니다!"
"구원의 예수님, 감사합니다!"
"보혜사 성령님, 감사합니다!"

이런 감사의 말은 들으면 들을수록 상승효과가 일어난다. 가정과 교회, 사회에 '감사의 도미노 현상'이 일어난다. 그러니 부디 서로에게 감사를 많이 표현하기 바란다.

미국의 유명 방송인으로 '감사의 힘'이란 책을 쓴 데보라 노빌은 자기 프로그램을 위해 정신적·육체적 어려움을 딛고 성공한 사람들을 취재했다. 그녀는 취재하는 가운데 성공한 사람들의 공통적인 특징을 발견했다. 성공한 사람들은 일반인들보다 "감사하다"는 말을 더 많이 한다는 것이다. 그녀는 '감사의 에너지'를 집중 취재하며 "감사합니다"라는 짧은 말이 사람들의 마음을 긍정적으로 바꾼다는 사실을 발견하게 되었다. 또한 평소에 감사하는 마음을 갖고 사는 사람은 평균적으로 그렇지 않은 보통 사람에 비해 병에 대한 면역력이 높으며 똑같은 스트레스를 받아도 질병에 걸리는 비율이 낮고 평균 10

> 이제 오늘 하루 어떤 말을 하면서 살 것인지를 결단해야 한다. 어떤 말을 하며 가정과 교회를 천국처럼 만들어 갈 것인지를 정해야 한다.

년 이상 장수한다는 것도 알게 되었다.

건강하게 장수하며 행복하게 살고 싶은가? 감사하면 된다. 비결은 감사에 있다. 에이브러햄 링컨은 평소 '3비(非)'를 절대로 하지 않았다고 한다. 비난과 비판, 비(불)평이다. 그것이 그가 평생 행복하게 살 수 있었던 비결이다.

이제 오늘 하루 어떤 말을 하면서 살 것인지를 결단해야 한다. 어떤 말을 사용하며 이웃과 하나님을 기쁘게 할 것인지가 바로 나의 결단에 달려 있다. 어떤 말을 하며 가정과 교회를 천국처럼 만들어 갈 것인지 결단해야 한다.

언어 습관은 바꿀 수 있다. 말을 바꾸면 인생이 달라진다. 바꿀 수 있다면 바꿔야한다. 자신이 삶과 신앙생활에서 가정과 교회의 모든 구성원들을 상처투성이로 만드는 쓰레기 같은 말을 사용하고 있었다면 지금 이 순간, 과감하게 그것을 쓰레기통에 버리라. 대신 사랑과 감사, 격려와 긍정의 말을 하자. 이 결단은 빠르면 빠를수록 좋다는 사실을 명심하라.

02

꼭 필요한
세가지 지혜를
가져라

"지혜를 버리지 말라 그가 너를 보호하리라
그를 사랑하라 그가 너를 지키리라 지혜가 제일이니
지혜를 얻으라 네가 얻은 모든 것을 가지고
명철을 얻을지니라 그를 높이라 그리하면
그가 너를 높이 들리라 만일 그를 품으면
그가 너를 영화롭게 하리라."
(잠 4:6~8)

46년간의 목회 동안 항상 염두에 둔 명제는 '예수님의 마음이 무엇일까'라는 것이다. 설교할 때는 물론이고 어떤 일을 할 때마다 예수님의 마음을 생각했다. 예수님의 마음으로 목회하고, 예수님의 마음으로 사람들을 대하려 했다.

"도둑이 오는 것은 도둑질하고 죽이고 멸망시키려는 것뿐이요 내가 온 것은 양으로 생명을 얻게 하고 더 풍성히 얻게 하려는 것이라."(요 10:10)

예수님의 마음은 먼저 모든 사람들에게 생명을 주는 것이다. 우리 인간들은 누구나 주 예수 그리스도를 믿어 죄 사함 받고 영생을 얻어야 한다. 영생을 얻지 못한다면 아무리 돈이 많은 거부라도 실패한 인생을 산 것이다. 세상의 온갖 비밀을 아는 지식을 지닌 지혜자라도 영생을 얻지 못하면 실패자가 된다. 세계 최고의 권력자도 마찬가지다. 인간이 한 번 죽는 것은 정해진 것이며 그 후에는 심판이 있다. 우리는 예수를 믿고 영생을 얻어야 한다.

다음으로 예수님의 마음은 피조물들이 풍성히 사는 것이다. 우리는 단지 존재만 하기 위해 이 땅에 태어난 것이 아니다. 번성해야 한다. 풍성하게 살아야 한다. 땅에서 대충 살다가 죽어서 천국에 가는 것이 아니다. 이 땅에서부터 천국의 풍성함을 누려야 한다.

구약 성경은 율법서와 선지서, 지혜서, 세 부분으로 되어 있다. 율법서는 피조물이 율법을 통해 죄인임을 깨닫고 어린 양 예수를 믿어 죄 사함 받아 하나님의 백성이 되는 것을 가르쳐 준다. 율법이 말하는 바는 회개하고 어린 양의 피로 죄 사함을 받으라는 것이다.

선지서에는 하나님의 계명대로 살기 위한 말씀이 들어 있다. 선지서의 목적은 하나님 백성이 계명을 지켜 거룩해지는 것이다.

지혜서에는 하나님 백성들이 왕의 경영 지혜를 배워 풍성하게 사는 방법이 들어 있다. 따라서 지혜서의 목적은 하나님 자녀의 풍성한 삶이다. 잠언에는 나라를 통치하는 황실 경영의 지혜, 하나님 나라 백성이 풍성하게 살 수 있는 삶의 지혜로 가득 차 있다. 인생을 풍성하게 살기 위해서는 반드시 지혜서를 깊이 연구해야 한다. 다음의 두 가지를 생각해 보자.

1. 물질을 정복하고 관리하는 지혜를 가져라

잠언은 물질에 대해 잘 정리해 준다.

"부자는 가난한 자를 주관하고 빚진 자는 채주의 종이 되느니라."
(잠 22:7)

우리는 가난한 자들을 돕고 주님의 일을 위해 드릴 수 있도록 물질에도 부요해야 한다. 생존의 단계에만 머물러서는 다른 사람들을 효과적으로 도와줄 수 없다. 물질적으로도 풍성함을 누려야 한다.

그러나 성경은 물질적 풍요함에 모든 마음을 빼앗겨서는 안 된다고 강조한다.

"돈을 사랑함이 일만 악의 뿌리가 되나니 이것을 탐내는 자들은 미혹을 받아 믿음에서 떠나 많은 근심으로써 자기를 찔렀도다."(딤전 6:10)

물질 자체가 나쁜 것은 아니다. 그러나 돈을 사랑하고 돈에 마음을 빼앗겨 근심하는 것은 문제다. 돈에 휘둘리지 않고 돈을 다스려야 한다. 그래서 많은 사람들을 먹이고 땅 끝까지 선교하는 믿음의 부자들이 되어야 한다.

그러면 어떻게 돈을 제대로 다스릴 수 있을까? 그 '돈의 경영법'은 다음과 같다.

1) 하나님이 물질의 주인이심을 인정하라

"부와 귀가 주께로 말미암고 또 주는 만물의 주재가 되사 손에 권세와 능력이 있사오니 모든 사람을 크게 하심과 강하게 하심이 주의 손에 있나이다."(대상 29:12)

나는 그동안 목회 사역을 하면서 부자들을 많이 만나 보았다. 그들이 공통적으로 하는 고백이 있다. 이들은 한결같이 자신의 능력을 넘어서는 눈에 보이지 않는 어떤 힘이 자기를 도왔다고 토로했다. 나를 그 기회의 시간과 장소에 있게 하고, 바로 그 사람을 만나게 함으로써 기회를 잡게 해준 누군가가 있다는 것이다. 비신자들은 "운 때가 맞았다"고 한다. 그러나 이 세상에서 우연은 하나도 없다. 모든 것은 우연을 가장한 필연이다. 운 때가 맞은 것이 아니라 하나님이 인도하신 것이다. 이 세상의 부요와 존귀, 권세는 모두 하나님의 것이다. 하나님이 그것을 각 사람들에게 적절하게 나눠주신다. 그러므로 하나님이 물질의 주인인 것을 인정하고 오직 그분의 은혜만을 구해야 한다.

> 돈은 결코 악한 것이 아니다. 그 돈이 성스럽게 사용되면 돈은 선한 일을 하는 도구가 된다.

2) 적극적인 물질관을 가져라

"도둑질하는 자는 다시 도둑질하지 말고 돌이켜 가난한 자에게 구제할 수 있도록 자기 손으로 수고하여 선한 일을 하라."(엡 4:28)

성경이 말하는 물질관은 단지 '도적질 하지 말라'는 소극적 차원에 머물지 않는다. 가난한 사람들을 도와줄 수 있도록 적극적으로 일해서 돈을 벌라는 것이다. 단지 자신만을 위해 살려는 사람과 다른 사람들을 위해 살기 원하는 사람의 일에 대한 태도는 다를 수밖에 없다. 보다 많은 사람들을 구제하려는 사람들은 혼신의 힘을 다해서

창의적으로 일함으로써 더 많은 재화를 얻고자 한다. 그렇게 번 돈을 통해 더 많은 사람들을 돕기 원한다. 돈은 결코 악한 것이 아니다. 그 돈이 성스럽게 사용되면 돈은 선한 일을 하는 도구가 된다. 그러므로 크리스천들은 소극적 물질관이 아니라 적극적 물질관을 가져야 한다.

3) 게을러 교만하지 말고 겸손히 배우라

"게으른 자는 사리에 맞게 대답하는 사람 일곱보다 자기를 지혜롭게 여기느니라."(잠 26:16)

게으름은 거룩한 삶을 사는데 방해가 되는 주요한 원인 가운데 하나다. 성경의 위대한 인물 가운데 게으른 사람은 한 명도 없다. 그들은 모두 심지어 예수님도 땀이 핏방울이 되어 뚝뚝 떨어지도록 기도하셨다. 게으른 자는 자연스레 교만하게 된다. 게으른 자는 움직이고 변화하는 것을 싫어하기 때문에 겸손히 지혜를 배우지 않는다. 부지런히 땀을 흘리며 배워야 한다. 사업도 배우고 경영도 배워야 한다. 배우는 사람은 갈수록 겸손해진다. 더 배워야 할 것이 있다는 사실이 겸손하게 만드는 것이다. 그러니 시간이 지날수록 게으른 사람과 부지런히 배우는 사람간의 격차는 커지게 마련이다. 거룩한 삶의 은밀한 대적인 게으름을 타파하자!

4) 안일함을 버리고 변화를 두려워하지 마라

"문짝이 돌쩌귀를 따라서 도는 것 같이 게으른 자는 침상에서 도느니라."(잠 26:14)

적지 않은 사람들이 문짝이 문틀에서만 도는 것처럼 안일하고 변화 없이 산다. 성경은 변화를 싫어하는 것이 바로 게으름이라고 책망한다. 세상은 정말 빠르게 변화하고 있다. 세상은 변하는데도 안일하게 과거의 습관대로 일한다면 도태될 수밖에 없다. 세상의 흐름을 뛰어넘어 과감하게 변화를 시도해야 한다.

5) 핑계대고 미루지 마라

"게으른 자는 길에 사자가 있다 거리에 사자가 있다 하느니라."
(잠 26:13)

사자는 어디에 있는가? 숲에 있다. '길에 사자가 있다'는 말은 핑계에 지나지 않는다. 매사에 핑계를 대는 사람들이 있다. 이들은 결코 번성하지 못한다. 어떤 핑계를 댈까 연구하지 말고 매 순간의 삶에서 거룩한 결단을 해야 한다. 자신에게 부여된 책임을 온전히 져야 한다. 그래야 발전이 있다. 핑계를 대며 미루는 사람들은 평생 돈을 지배하지 못하고 돈의 노예로 산다.

6) 남이 해주기를 바라지 말고 직접 실천하라

"게으른 자는 그 손을 그릇에 넣고도 입으로 올리기를 괴로워하느니라."(잠 26:15)

이 구절을 한번 마음으로 그려보라. 정말 웃기는 이야기가 아닌가? 그릇에 손을 넣고도 입으로 올리기를 괴로워하는 사람은 얼마나 바보 같은 사람인가. 남이 해주기를 기다리지 말고 적극적으로 결단하고 실천하라. 이 세상의 주인은 바로 당신이다. 당신이 해야 할 인생의 몫이 있다. 그것을 직접 행하라!

7) 기회를 놓치지 마라

"게으른 자는 가을에 밭 갈지 아니하나니 그러므로 거둘 때에는 구걸할지라도 얻지 못하리라."(잠 20:4)

씨는 심을 때와 거둘 때가 있다. 기회를 놓치지 말아야 한다는 것이다. 나는 자신에게 찾아온 기회를 놓치고 후회하는 사람들을 많이 보았다. 그들은 기회가 지나간 다음에야 그것이 너무나 중요한 기회였다는 사실을 깨닫는다. 가을에는 반드시 밭을 갈아야 한다. 그래야 거두게 된다. 지금 나에게 어떤 기회가 찾아오고 있는지를 기도하면서 면밀하게 확인하고 그 기회를 잡으라.

8) 마음에 결단하고 계획을 세워라

"사람이 마음으로 자기의 길을 계획할지라도 그의 걸음을 인도하시는 이는 여호와시니라."(잠 16:9)

이 구절은 주의 깊게 보아야 한다. 사람들이 자신의 길을 계획하는 것이 필요 없다는 뜻이 아니다. 오히려 하나님은 인생들의 걸음을 인도하시지만 중요한 것은 각자가 마음으로 자기의 길을 계획해야 한다. 인생의 목표와 계획은 자신이 세워야 한다. '하나님, 저는 세계선교를 위해 쓰임 받는 믿음의 거부가 되고 싶습니다.' '저는 인재들을 키워내는 인생을 살고 싶습니다.' 이렇게 뜻을 정하고 계획을 세우며 기도할 때 하나님이 이뤄주신다. 어차피 한번 사는 인생인데 하나님께 쓰임 받는 사람이 되어야 하지 않겠는가.

9) 나눠주고 베풀고 드리는 사람이 되라

"구제를 좋아하는 자는 풍족하여질 것이요 남을 윤택하게 하는 자는 자기도 윤택하여지리라."(잠 11:25)

한국 세무사회 회장을 역임했으며 '석성 1만 사랑회' 이사장인 조용근 장로님으로부터 이런 말을 들었다. "큰 부자들은 작은 돈을 많이 써야 큰돈이 따라온다는 것을 아는 사람들입니다. 많은 사람들은

른 일에 써달라며 큰돈을 맡깁니다. 살아가면서 확인하는 분명한 진리는 물질이 넉넉하다고 해서 반드시 행복한 것은 아니라는 점입니다. 성경은 오히려 나누고 베푸는 것이 행복이라 합니다. 우리 모두 참된 행복을 누리려면 재물을 움켜쥐기보다 가진 재물을 나누려고 애써야 합니다."

조 장로님의 말씀대로 나누고 베푸는 사람이 될수록 더 큰 재정의 복을 누리게 된다. 이것은 세상 이치기도 하면서 성경이 말하는 바다. 그러므로 가진 것이 부족하다고 해도 그것으로 나누는 삶을 살아야 한다. 그러다 보면 점점 더 많이 나눌 수 있는 풍성한 사람이 될 것이다.

10) 쌓은 물질을 초월해서 하나님을 구해야 한다

"네 보화를 티끌로 여기고 오빌의 금을 계곡의 돌로 여기라 그리하면 전능자가 네 보화가 되시며 네게 고귀한 은이 되시리니 이에 네가 전능자를 기뻐하여 하나님께로 얼굴을 들 것이라 너는 그에게 기도하겠고 그는 들으실 것이며 너의 서원을 네가 갚으리라 네가 무엇을 결정하면 이루어질 것이요 네 길에 빛이 비치리라."(욥 22:24~28)

이 말씀이 말하는 바는 내 돈, 내 보물이라는 생각을 버리라는 것, 즉 물질을 초월해서 살라는 것이다. 그러면 하나님이 인생의 보배가 되어 주신다. 물질을 초월하면 정말 하나님을 기뻐하며 살게 된다.

> **돈을 초월해 오직 하나님만을 소망한다면 반드시 내 마음의 소원하는 바가 이뤄질 것이다. 우리는 먼저 하나님을 추구해야 한다.**

그런 사람들은 하나님의 사랑을 받아 얼굴을 들고 영광스럽게 살게 된다. 물질을 초월하지만 풍성한 삶을 산다. 하나님이 기도를 들으시고 무엇을 경영하든지 다 이루게 해 주시기 때문이다. 돈을 많이 벌더라도 돈을 초월하며 돈을 다스리기 바란다.

나는 매일 세계복음화를 위해 기도한다. 이 세상 100개 나라에서 '그림 일대일 전도 양육 교재'를 사용해 복음 전하기를 소망하고 있다. 나는 또한 미래 지도자 양성을 위해 기도하고 있다. 한국의 미래 인재 100명이 생활할 수 있는 기숙사를 만들고자 한다. 이런 모든 일에 돈이 필요하다. 그러나 돈을 초월해 오직 일을 이루시는 하나님만을 소망한다면 반드시 내 마음의 소원하는 바가 이뤄질 것이다. 우리는 먼저 하나님을 추구해야 한다.

2. 나의 종말을 알고 준비하는 지혜를 가져라

1) 인생의 지혜는 죽음을 생각하며 사는 것이다

"지혜자의 마음은 초상집에 있으되 우매한 자의 마음은 혼인집에 있느니라."(전 7:4)

어리석은 사람은 다가오는 미래를 준비하지 못하고 현재만 즐기는 사람이다. 우리 모든 사람에게 무엇이 다가오는가? 죽음이 다가온다. 그것은 피할 수 없다. 그래서 우리는 죽음을 생각하며 살아야 한다. 죽음에서 지혜를 얻어야 한다.

"초상집에 가는 것이 잔칫집에 가는 것보다 나으니 모든 사람의 끝이 이와 같이 됨이라 산 자는 이것을 그의 마음에 둘지어다."(전 7:4)

모든 살아 있는 사람은 한 명도 빠짐없이 죽음의 길을 간다. 그러니 모든 일을 열심히 해야 하지만 항상 죽음을 준비하면서 살아야 하는 것이다. 죽음을 준비하는 사람과 아무 생각 없이 사는 사람 간에 삶을 대하는 태도는 너무나 다를 수밖에 없다.

2) 죽음의 증상들을 보며 때를 준비해야 한다

죽음은 그냥 오지 않고 수많은 증상들을 선발대로 보내면서 온다. 전도서 12장에는 죽음의 전조 증상들이 비유로 잘 나타나 있다.

"그런 날에는 집을 지키는 자들이 떨 것이며 힘 있는 자들이 구부러질 것이며 맷돌질 하는 자들이 적으므로 그칠 것이며 창들로 내다 보는 자가 어두워질 것이며 길거리 문들이 닫혀질 것이며 맷돌 소리가 적어질 것이며 새의 소리로 말미암아 일어날 것이며 음악하는 여자들은 다 쇠하여질

것이며 또한 그런 자들은 높은 곳을 두려워할 것이며 길에서는 놀랄 것이
며 살구나무가 꽃이 필 것이며 메뚜기도 짐이 될 것이며 정욕이 그치리니
이는 사람이 자기의 영원한 집으로 돌아가고 조문객들이 거리로 왕래하
게 됨이니라 은 줄이 풀리고 금 그릇이 깨지고 항아리가 샘 곁에서 깨지
고 바퀴가 우물 위에서 깨지고 흙은 여전히 땅으로 돌아가고 영은 그것을
주신 하나님께로 돌아가기 전에 기억하라."(전 12:3~7)

죽음을 앞에 두면 어떤 일이 일어나는가? "집을 지키는 자들이 떨
것이며"란 말은 몸을 지탱하는 두 다리 관절이 약해져서 떨리기 시
작한다는 의미다. "힘 있는 자들이 구부러질 것이며"는 가장 힘 있는
허리에 디스크가 오며 관절마다 염증으로 구부러진다는 뜻이다. "맷
돌질하는 자들이 적으므로 그칠 것이요"는 이가 썩고 빠져 질기고
딱딱한 것은 제대로 씹을 수 없다는 것을 의미한다. "창들로 내다보
는 자가 어두워질 것이요"는 눈이 어두워서 제대로 보지 못하게 됨
을 뜻한다.

"새 소리로 말미암아 일어날 것이며"는 노인들이 신경이 예민해
져서 작은 소리에도 깨서 새벽까지 잠을 못 잔다는 것을 말한다. "음
악하는 여자들은 쇠해지고"는 노래하는 성대가 쉬고 음이 막 흔들려
서 제 음을 잡지 못하게 됨을 의미한다.

"높은 곳을 두려워할 것이며"는 다리가 후들거려 계단과 높은 데
를 싫어한다는 것을 비유한다. "길에서도 놀라고"는 마음이 약해져
서 아무 것도 아닌 일에도 놀라고 화를 낸다는 것을 말한다. "살구나

무가 꽃이 필 것이며"는 머리가 살구꽃처럼 희어지고 얼굴에는 검버섯이 가득해진다는 사실을 의미한다.

"메뚜기도 짐이 될 것이며"는 무거운 것을 들 힘이 없어 성경도 집에 놓고 교회에 가게 됨을 뜻한다. "정욕이 그치리니"는 모든 욕망과 의욕이 없어져 여행가는 것도, 밥 먹으러 가는 것도 귀찮아지게 되는 단계를 말한다.

"은 줄이 풀리고"는 신경줄이 풀리고 느슨해져 힘이 없어지게 되는 것을 뜻한다. "금그릇이 깨지고"는 얼굴이 쭈글쭈글해지는 것이고, "항아리가 깨지고"는 심장박동이 멈춘다는 것이다. "흙은 땅으로 돌아가고"는 본래 흙으로 빚어진 몸이 결국 땅에 묻힌다는 말이다.

전체가 15단계다. 당신은 이 15단계 중 지금 어느 단계에 와 있는가? 당신의 종말을 잘 판단하고 준비하며 살기 바란다.

3) 예수님을 믿고 영생을 얻어야 한다

인간은 죽음을 피할 수 없다. 때가 되면 이 땅에서 떠나야 한다. 누구도 죽음을 거부할 수 없다.

"한번 죽는 것은 사람에게 정해진 것이요 그 후에는 심판이 있으리니"
(히 9:27)

인간은 결국 죽어야 하고, 그 이후에는 심판이 있다. 이 땅의 누구나 모든 사람이 간 죽음의 길을 가야 하며 판결의 골짜기에서 주님과 대면하게 된다. 죄인인 인간의 행위로는 결코 구원을 얻을 수 없다. 하늘 하나님이 죄에 빠진 인간을 구원하기 위해 독생자를 보내셨다. 그것이 인간을 구원하기 위한 하나님의 사랑이었다.

> "이와 같이 그리스도도 많은 사람의 죄를 담당하시려고 단번에 드리신 바 되셨고 구원에 이르게 하기 위하여 죄와 상관 없이 자기를 바라는 자들에게 두 번째 나타나시리라."(히 9:28)

예수님은 내 죄를 담당하고 단번에 희생 제물로 죽으셨다. 그리고 완전한 구원을 위해 재림하신다. 지금 우리는 '십자가와 재림 사이'에 살고 있다. 이것이 너무나 중요하다. 내가 죽어서 심판대 앞에 가든지, 아니면 예수님이 재림하셔서 심판대 앞에 서든지 둘 중에 하나다.

> "일의 결국을 다 들었으니 하나님을 경외하고 그의 명령들을 지킬지어다 이것이 모든 사람의 본분이니라."(전 12:13)

하나님의 명령이 무엇인가? 예수 믿고 영생을 얻으라는 것이다.

> "하나님이 세상을 이처럼 사랑하사 독생자를 주셨으니 이는 그를 믿는 자마다 멸망하지 않고 영생을 얻게 하려 하심이라."(요 3:16)

'사람이 국어를 배웠으면 주제를 알아야 하고 산수를 배웠으면 분수를 알아야 한다'라는 우스갯말이 있다. 인간이 주제와 분수를 아는 것은 너무나 중요하다. 먼저 죄인이라는 자기 주제를 알아야 한다. 또한 '구원 받지 못하면 소망이 없다'는 분수를 알아야 한다. 주제와 분수를 알아 반드시 주 예수 그리스도를 믿어 영생을 얻어야 한다. 주제와 분수를 아는 사람은 이 땅이 아니라 하늘나라를 위해 보물을 쌓는다.

이것이 지혜 중의 지혜다. 우리 인생은 이 땅에서 결정되지 않는다. 언젠가 심판대 앞에 선다. 주님을 만나 모든 것이 결정되는 그때, 당당하게 "제가 여기 있나이다"라고 말할 수 있기 바란다. 그날을 생각하며 더욱 더 열심히 복음을 전해 영혼을 구원하는 삶을 살기 바란다. 유한한 인생길을 걸어가며 늘 '나는 무엇을 하다 영원한 삶으로 들어갈 것인가?'를 깊이 생각해야 한다. 그것이 복된 삶이다.

03

분노의
역학관계를
기억하라

"노하기를 더디하는 자는 용사보다 낫고
자기의 마음을 다스리는 자는
성을 빼앗는 자보다 나으니라."

(잠 16:32)

어느 시골 동네에 불이 났다. 모두 다 물통을 들고 불을 끄느라고 야단인데 한 사람만 불이 꺼지게 해달라고 기도하고 있었다. 그곳에서 목회하는 전도사였다. 그런데 그 사건 후에 전도사는 동네에서 쫓겨났다. 기도가 중요하지만 행동하지 않는 그리스도인은 그리스도인이 아니라는 이유에서다.

우리가 세상을 사는 동안에 이 땅 어디에도 안전지대란 없다. 아무리 조심해도 불안과 고통은 불청객처럼 찾아온다. 누군가 이렇게 말했다. "지금이라도 네 삶을 흔들어라. 불안이 두렵다고 누르지만 말고 그것을 소화해서 참 행복을 누리라." 우리가 복음을 효과적으로 전하고 예수의 빛을 제대로 드러내려면 먼저 내 속에 있는 분노와 걱정, 절망을 다스려야한다. 동일한 상황에서 불신자와 똑같이 분노하며 절망한다면 도대체 우리 믿음은 어디에서 발견될 수 있다는 말인가?

행함이 없는 믿음, 역사가 일어나지 않는 믿음은 죽은 것과 같다. 2019년에 한국의 정두언 전 국회의원이 자살했다. 서울대를 졸업한 재원이었던 그는 이명박 정권 탄생의 일등공신이었다. 그러나 정권으로부터 배반당하고 분노로 극심한 우울증에 빠졌다. 그는 결국 그 분노를 다스리지 못해 자살로 생을 마쳤다. 그 탁월한 실력과 경륜이 한순간에 사라져버린 것이다. 노무현 전 대통령, 노회찬 전 정의당 대표, 배우 최진실도 마찬가지다.

마음의 분노와 염려, 절망, 우울함을 다스리지 못하면 죽을 수 있다. 자신의 분노조절장애를 고백한 유명한 인물이 알렉산더다. 그는 분노를 이기지 못해 가장 사랑하는 친구 클리투스 장군을 죽였다. 그 후, 그는 크게 후회하면서 자살하려고 했다. 사람들이 겨우 그를 진정시켜 자살을 막았지만 그는 3일 동안 울면서 울부짖었다고 한다. 그는 이렇게 한탄했다. "나는 세상을 정복했으나 정작 내 자신을 정복하지는 못했구나."

성경은 "노하기를 더디하는 자는 용사보다 낫고 자기의 마음을 다스리는 자는 성을 빼앗는 자보다 나으니라"고 말한다. 화를 다스리지 못해 폭발하면 더 큰 화가 들이닥친다. 그러나 화를 다스려 안으로 소화시키면 그 화가 능력과 보화로 전환된다. 관건은 분노를 다스려야 한다는 것이다. 그럼 어떻게 분노를 다스릴 것인가?

1. 잠시라도 결과를 미리 생각하라

"노하기를 속히 하는 자는 어리석은 일을 행하고"(잠 14:17)

화내는 것은 순간이지만 그 결과는 평생의 삶을 참담하게 만든다. 욱하는 감정에서 나온 말과 행동은 용기가 아니라 생각이 모자라는 증거요 재난의 시작이다. 화가 나 있는 상태에선 말을 하기 전에 '이 말을 해도 될까?' 혹은 '이렇게 감정을 폭발시키면 어떤 결과가 올까?'에 대해 반드시 생각해야 한다.

"분을 쉽게 내는 자는 다툼을 일으켜도 노하기를 더디 하는 자는 시비를 그치게 하느니라."(잠 15:18)

홧김에 한 말과 일은 항상 우리를 후회하게 만든다. 언젠가 교회학교 교사가 아이들에게 물었다. "엄마의 어떤 게 제일 싫어?" 가장 많이 나온 대답은 "엄마가 화내고 고함지를 때"였다. 그러면서 "그래서 엄마와 교회가기 싫어요"라는 것이었다.

왜 사람은 이야기 할 때 고함을 지르며 화를 낼까? 일단 즉각적인 효과가 있기 때문이다. 그러나 그것은 일시적인 효과일 뿐이다. 장기적으로 볼 때 화를 내면 관계가 멀어지고 깨어지기까지 한다. 화를 내면 상대방과의 분리라는 결과가 반드시 생긴다. 점차 화내는 것이 습관이 된다. 그러다보면 심한 인격 장애자가 된다. 나중에 '그때 조금만 참았더라면…'이라고 후회하는 경우가 얼마나 많은가. 분노를 제대로 다스리려면 분노의 결과를 미리 생각해야 한다.

2. 충동적으로 행동하지 말고 일단 충동을 억제해야 한다

"어리석은 자는 자기의 노를 다 드러내어도 지혜로운 자는 그것을 억제하느니라."(잠 29:11)

지혜자의 특징은 화를 억제하는 것이다. 지식은 분석, 비판하고 따지게 하지만 지혜에는 억제하게 하는 힘이 있다. 지혜가 없는 지식은 재앙을 불러온다. 화가 날 때는 오래 기다릴수록 더 좋다. 토머스 제퍼슨은 이렇게 말했다. "화가 나면 열까지 세라. 아주 화가 날 경우엔 백까지 세라. 그래도 화가 나면 계속 세라."

나는 이렇게 말하고 싶다. "화나면 기다리며 성령께 기도하라. '내 마음을 다스려 달라'고 기도하라. 이 순간에 가장 지혜롭고 약이 되는 말을 할 수 있도록 지혜를 간구하라!" 이것은 100% 효과가 있다. 어떤 분은 아무리 참으려 해도 화를 참을 수 없다고 토로한다. 그런 사람은 분노조절이 되지 않는 분으로 심각한 질병 보유자다. 그런 분노조절이 안 되는 사람은 반드시 상담과 치료를 받아야 한다. 그러나 일반적으로 화를 내는 것은 내가 선택하는 것이기에 충분히 조절할 수 있다. 아마도 대부분 이런 경험을 했을 것이다. 막 화를 내고 성질을 부릴 때에 중요한 사람으로부터 전화가 걸려왔다. 그러면 어떻게 받는가? "후"하면서 호흡을 조절한다. "흠, 흠"하면서 목소리를 가다듬고 "여보세요~"라고 친절하게 받는다. 순식간에 말과 태도가 돌변하는 것이다. 이것만 보더라도 웬만한 사람들은 자신의 의지대로 분노를 다스릴 수 있다.

3. 사소한 것과 핵심(본질)을 구분하는 훈련을 하라

내가 무엇 때문에 화를 내는지 생각해보면 내 신앙성품을 진단할 수 있다. 작은 냄비는 빨리 끓는다. 신앙 인격을 연단하다 보면 오래 참을 수 있다. 화를 내려다가도 생각한다. '이게 정말 화낼 정도로 중요한가?'

한번 생각해 보라. 부부가 모처럼 좋은 분위기 속에서 대화하며 추억을 나누고 있다. 남편이 말한다. "여보, 그때 우리가 참 아름다운 여행을 했었지? 아마 1992년 여름이었나…?" 그러자 아내가 말한다. "아니, 1992년이 아니고 1994년이야!" 남편이 "그때, 우리가 타고 간 차 색깔이 하얀색이었지?"라고 말하면 아내는 "아니라고 아니야! 빨강색 차였어"라고 교정해 준다. 남편이 계속 자기 생각을 우기고 아내가 그것을 교정하다 보니 결국 좋은 분위기는 사라지고 부부는 대판 싸움을 하게 되었다.

도대체 뭐가 중요한가? 무엇 때문에 그 부부는 싸운 것인가? 정말 아무것도 아닌 일 가지고 그들은 분위기를 망쳤다. 교회에서도 마찬가지다. 어떤 교회 내 부서원들이 사랑으로 하나 되기 위해 야외로 예배드리러 가기로 했다. A 집사가 "이번엔 갈비를 먹읍시다"라고 하자 B 집사가 "돈 많이 드는 갈비 대신 불고기로 합시다"라고 말한다. 그러자 A 집사가 "요새 촌스럽게 누가 불고기를 먹어요?"라고 퉁명스럽게 말하자 B 집사가 대꾸한다. "아니, 불고기 먹는 것이 촌스럽다고요? 교회가 돈을 아껴 선교해야지 무슨 비싼 갈비예요?" 두 사람은 계속 싸우다가 야외 예배를 함께 드리기는커녕 결국 갈라지고 말았다. 사소한 것은 그냥 넘어가야 한다. 매 순간 사소한 것과 본질을 구분하는 훈련을 해야 한다.

4. 용서하지 못하면 분노를 다스릴 수 없다

"노하기를 더디 하는 것이 사람의 슬기요 허물을 용서하는 것이 자기의
영광이니라."(잠 19:11)

누군가가 내게 잘못했을 때 그 잘못을 무시할 수 있다면 덕이 있
는 것이고 용서까지 해 줄 수 있다면 예수를 닮은 성숙한 신앙 인격
을 지닌 것이다. 우리 주님은 중상모략 당하고 비난과 모함을 받으
셨다. 그러나 주님은 복수하지 않으셨다.

똑같은 일을 당해도 못 참는 사람이 있는 반면에 잘 참아내는 사
람이 있다. 왜 그런가? 각자 간에 이해하고 소화하는 능력이 다르기
때문이다. 인생을 살다 보면 많은 일들이 내 의지와 상관없이 발생
할 수 있다. 그러나 내게 닥친 그 일을 어떻게 해석하고 처리할 것인
지는 전적으로 내가 선택하는 것이다. 사건보다 해석이 더 중요하
다. 일과 사람이 나를 절망시키는 것이 아니라 나의 반응이 나를 힘
들고 분노하게 만든다. 분명한 것은 화를 내는 순간, 행복을 빼앗긴
다. 화를 참고 용서하는 자가 영광을 누리며 승리한다.

5. 말을 제어할 때 분노를 다스리고 치유할 수 있다

화를 낼 때 사용하는 말은 극단적이다. 그때 내뱉어버린 말은 불

에 기름을 끼얹는 것과 같으며 더 이상 내가 책임질 수 없게 된다. 그것은 내 감정과 상대방의 감정을 더욱 증폭시키고 파괴시키는 에너지를 만든다.

"입과 혀를 지키는 자는 자기의 영혼을 환난에서 보전하느니라."
(잠 21:23)

이 구절이 영어 성경에는 "If you want to stay out of trouble, be careful what you say! (네가 환난의 밖에 있기를 원한다면 네 말을 조심하라!)"로 되어 있다. 어떤 말이든 내가 한 말은 내가 다시 먹어야 한다. 화가 나면 상대에게 가장 충격과 상처를 줄 수 있는 말이 떠오른다. 그런 말을 던지면 내가 똑똑하게 말을 잘한 것처럼 착각한다. 그러나 그것은 지혜가 아니라 모두를 죽이는 바보 같은 생각일 뿐이다.

"유순한 대답은 분노를 쉬게 하여도 과격한 말은 노를 격동하느니라."
(잠 15:1)

화가 나면 의도적으로 비웃는 말이나 상대를 격동시키는 말을 중지해야 한다. 대신 유순한 말을 구사하며 상대의 마음은 물론 자신의 마음도 누그러지게 해야 한다. 물론 이는 너무나 어렵다. 그래서 훈련을 해야 하는 것이다.

학교 기숙사에 살던 어느 집사님 딸이 방학 때 집에 와 엄마와 심하게 싸웠다. 모녀는 서로 화해할 말을 찾지 못해 눈치만 보고 있었다. 그때 딸이 말했다. "엄마, 나 기숙사에 중요한 것을 놓고 왔어." 엄마가 "뭘 놓고 왔니?"라고 하자 딸은 "내가 기숙사에 '싸가지'를 놓고 왔어"라고 웃으며 대화했다. 그 말 한마디로 이들은 화해했다.

거친 말로 자신의 화를 표현하면 절대로 후련해지지 않는다. 대신 화가 배로 늘어난다. 절대로 화를 삼켜서는 안 된다. 화를 삼키면 우리 몸에서 나쁜 화학작용이 일어난다. 화를 뱉으면 관계가 깨지고, 화를 삼키면 화가 내 몸을 지배해 화병이나 우울증, 암 같은 무서운 병으로 발전한다. 그러면 어떻게 해야 하는가?

6. 하나님께 화났음을 인정하며 고백하고 풀어놓아야 한다.

아픔과 분노를 하나님께 풀어놓기 바란다. 시편에는 다윗이 자기 상처와 좌절, 불안을 하나님께 토해놓는 장면이 많이 나온다. 그 다윗의 기도 내용을 보면 '어떻게 이런 걸 성경에 기록했나?' 싶을 정도로 끔찍한 내용이 많다. 그러나 그것이 다윗이 더 분노에 함몰되지 않고 다시 새롭게 시작할 수 있는 비결이었다. 분노를 하나님께 고백하면 하나님이 우리 마음에 성령의 열매와 지혜를 주신다. 성령의 열매는 사랑과 희락, 화평, 오래 참음, 자비, 양선, 충성, 온유, 절제다. 하나님께 의지하면 자기도 모르는 사이에 이런 성령의 열매가 열리게 된다.

신앙생활과 사역에 중요하기 때문에 부끄럽지만 내 고백을 한다. 15년 전에 5명의 장로님이 은퇴하셨다. 한 장로님은 자기 동서를 장로로 세워 달라고 부탁했고 또 다른 장로님은 자신과 말이 잘 통하는 어떤 분을 장로로 세워 달라 요청했다. 그런데 그들이 지목했던 분들은 하나님의 존재 자체에 대해서 확신이 없는 분들이었다. 한 사람은 이미 타주로 이사를 간 상태였다. 그러나 나는 바로 "안 된다"고 거절하지 않았다. 대신 먼저 그들이 제자훈련을 받아 영적인 준비를 할 수 있도록 하자고 말했다. 그러자 A 장로님 한 분을 제외하고 나머지 장로님들이 나를 몰아내기 위해 일을 꾸몄다. 혼란 가운데 우리는 매주 수요 예배 후 9시부터 새벽 2시나 3시까지 당회로 모였다. 그들은 내가 10년 동안 목회한 것 가운데 부족한 점만 트집 잡아 공격했다. A 장로님 혼자만 "그러면 안 된다"고 말렸다. 그러나 수적으로 역부족이었다. 싸우면 교회가 깨진다.

그래서 기도했다. '주님, 제가 더 이상 참아내기 힘든데 주님이라면 이럴 때 어떻게 하시겠어요?' 기도 중에 한 장면이 떠올랐다. 예수님을 책잡아 죽이려고 호시탐탐 노리던 바리새인들이 현장에서 간음하던 여자를 잡아서 예수님에게 "저 여인을 돌로 쳐 죽일까요?"라고 묻는 장면이었다. 예수님이 "죽이라"고 하면 복음이 깨지고, "살리라"고 하면 율법이 깨진다. 그때 예수님이 어떻게 하셨는가? 조용히 앉아서 땅에 글을 쓰셨다. 그리고 일어나 "너희 중에 죄 없는 자가 먼저 돌로 치라"고 말씀하셨다. 그러자 양심에 찔린 사람부터 그 자리에서 떠나갔다. 그 장면이 보여 종이에 장로님들의 말을 쓰기 시작했다. 그들이 무슨 말을 하면 나는 받아쓰기만 했다. 그러자 "왜 쓰세요?"라는 질문이 들어왔다. 나는 "장로님들의 말씀이 중요하니까 기록해서 잘 읽어보려 합니다"라고 답했다. 그런데 그렇게 쓰기 시작하자 내 마음이 차분해졌다. 말싸움을 하며 분쟁에 얽혀들지 않게 되었다. 쓰다 보니 그분들의 말이 지난 번 말과 다른 것과 서로서로 하는 말이 다른 것도 알게 되었다. 그런 과정을 거쳐 그분들은 과격한 말과 행동을 하지 않게 되었고 나는 말로 죄를 짓지 않게 되었다. 결국 하나님이 피로 사신 새한교회를 지킬 수 있게 되었다. 지금 그때 기록한 글들이 무려 1000장 가까이 남아있다.

7. 예수님을 주인과 왕으로 모시고 예수 이름으로 다스려라

"더러운 귀신이 사람에게서 나갔을 때에 물 없는 곳으로 다니며 쉬기를 구하되 쉴 곳을 얻지 못하고 이에 이르되 내가 나온 내 집으로 돌아가리라 하고 와 보니 그 집이 비고 청소되고 수리되었거늘 이에 가서 저보다 더 악한 귀신 일곱을 데리고 들어가서 거하니 그 사람의 나중 형편이 전보다 더욱 심하게 되느니라 이 악한 세대가 또한 이렇게 되리라."
(마 12:43~45)

우리 마음을 비우고 상처를 치유 받는 것이 너무나 절실하다. 그런데 중요한 점은 우리 마음에 주인이 필요하다는 것이다. 성경은 마음이 비어있으면 귀신이 악한 것들을 데려와서 더 심하게 만든다고 했다.

결국 우리 마음에 주인이 있어야 한다. 내 마음과 인생의 주인은 누구인가? 이 질문에 답을 잘 해야 한다. 인간은 마귀를 다스릴 왕권을 하나님께 받았다. 그러나 하나님을 불신하고 마귀에게 순종, 그 왕권을 반납한 채 마귀의 노예가 되어버렸다. 그래서 내 마음을 지킬 능력을 상실한 것이다.

세상은 '마음을 비우고 아픈 일을 잊으라'고 한다. 그러나 마음을 비워두면 언제든지 마귀가 와서 그 마음을 지배하게 된다. 부디 예수님을 내 인생의 구세주와 주인, 왕으로 영접하기 바란다. 주님이 내 안에 오셔서 다스려주시면 마귀는 떠나간다. 분노도 다스려주신다. 역경 중에도 희망을 찾아 나갈 힘을 주신다. 마음이 비어 있다고 생각한다면 지금 이 시간, 예수 이름으로 다음과 같이 명해 마음을 다스리기 바란다.

"내 마음의 주인과 왕이신 예수의 이름으로 명하노니 분노와 절망과 우울한 마음은 진정될지어다! 내 마음은 호수처럼 고요할지어다! 예수님이 주시는 참 평화가 마음에 임할지어다! 하나님이 주시는 지혜와 능력으로 승리할지어다!"

04

게으름의
저주에 대해서
깨달아라

"게으른 자는 마음으로 원하여도 얻지 못하나
부지런한 자의 마음은 풍족함을 얻느니라."
(잠 13:4)

잠언은 사람을 변화시키는 강력한 능력이 있다. 미국 최고 인기 패스트푸드점 가운데 하나인 '칙필레'(Chick-fil-A)의 창업자 트루엣 캐시(1921~2014)는 잠언 22장 1절의 "많은 재물보다 명예를 택할 것이요 은이나 금보다 은총을 더욱 택할 것이니라"는 말씀에 은혜를 받아 신앙을 경영 철학으로 삼아 세계적인 기업을 일궜다. 트루엣은 1967년 미국 조지아주 애틀랜타에 칙필레 1호점을 열었다. 지금 칙필레는 전 세계에 1800여개의 지점을 지닌 거대기업으로 성장했다.

그는 한때 자산이 60억 달러로 포브스가 선정하는 세계 15위 부자에 오르기도 했다. 그는 늘 이렇게 말했다. "나는 성경에서 가난을 끊어내는 방법을 배웠다. 나는 좋은 경영 원리와 성경적 원리가 충돌되는 것을 한 번도 느끼지 못했다. 성경 말씀 그대로 주일에 문을 닫는 것은 내가 만든 어떤 것보다 가장 효과적인 전략이었다. 사업을 하면서 성경적 원리와 가치를 버리면서까지 경제적 성공을 위해 매진한 적이 한 번도 없다. 예수님은 '주는 것이 받는 것보다 복이 있다'라고 말씀하셨다. 자, 왜 최선을 다하지 않는가?(Why not do your best, why not?)"

그는 성경을 갖고 다음과 같은 인생과 경영 철학을 만들었다.
'좋은 청지기가 되라.'
'좋은 관계를 오래 쌓아라.'
'친절을 베풀라.'

'개인의 책임을 다하라.'

'직책의 힘을 넘어 개인적인 영향력을 택하라.'

'즐겨라.'

트루엣 캐시

트루엣 캐시가 이 땅을 떠난 뒤, 사람들은 그의 성품을 이렇게 정리했다. '모험적인 믿음', '신실하고 정중한 인격', '변치 않는 종의 섬김', '영향력 있는 겸손', '웃으며 열심히 일함', '이기적이 아닌 동정심'.

트루엣 캐시가 가장 영향을 받은 성경 말씀이 잠언이다. 그는 잠언 묵상을 통해 인생과 경영의 철학을 배울 수 있었다.

우리 역시 잠언을 더 깊이 배우고 그 원리를 삶에서 체험해야 한다. 잠언은 거듭난 성도의 삶을 풍성하게 해준다. 예수님은 우리가 생명을 얻는 차원을 넘어 더 풍성히 누리도록 세상에 오셔서 십자가에서 죽으셨다. 그런데 수많은 사람들은 아직도 생명을 얻지 못하고 죄악의 길로 달려가다 결국 멸망당한다.

그 가운데 일부는 예수를 믿고 구원받았다 하지만 이 땅에서 풍성한 삶을 누리지 못하고 단지 "죽은 다음에 천국에 가겠다"며 근근이 살고 있다. 참으로 안타까운 일이다. 그러므로 참되게 믿는 우리가 더욱 분발해서 복음을 더 넓고 깊게 전해야 한다. 내가 먼저 복음 안에서의 자유와 기쁨을 누리고 풍성한 삶을 살면서 다른 사람들을 섬

거야 한다.

우리가 예수 안에서 풍성한 삶을 살지 못하는 이유 중 하나는 영적인 게으름 때문이다. 잠언은 하나님 나라 백성이 풍성한 삶을 살기 위해 반드시 배워야 할 말씀이다. 잠언에서는 '미련한 자, 게으른 자, 말이 많은 자, 분노를 조절하지 못하는 자, 교만한 자, 정

> 우리 역시 잠언을 더 깊이 배우고 그 원리를 삶에서 체험해야 한다. 잠언은 거듭난 성도의 삶을 풍성하게 해 준다.

욕에 사로잡힌 자, 불신자, 배반하는 자, 인색한 자, 이간질하는 자' 등 열 종류의 사람들을 경계한다.

부디 게으른 자가 되지 말고 열심히 주님을 섬기는 사람이 되길 바란다. 나는 '투 잡'(two job)을 뛰면서 열심히 사는 이민자들에게는 '게으름'이란 단어가 해당되지 않는다고 생각했다. 그런데 이 말씀을 묵상하면서 내 생각이 잘못됐음을 깨달았다. 성경이 말하는 게으름은 이 세상에서 통용되는 게으름과는 차원이 다르다.

1. 성경이 경계하는 게으른 자가 되지 말자

1) 게으른 자는 '성취가 없는 소원'만 말한다

"게으른 자는 마음으로 원하여도 얻지 못하나 부지런한 자의 마음은 풍족함을 얻느니라."(잠 13:4)

신자들이 흔히 "마음에는 원이로되 육신이 약하다"고 말한다. 마음의 소원이 있지만 육신이 약해서 하지 못한다는 것이다. 그런데 잠언은 정확하게 정곡을 찌른다. 소원이 이뤄지지 않는 것은 게을러서 그렇다는 것이다. 게으른 자는 희망과 이상, 꿈만 말하며 그것을 이루기 위해 중요한 행동은 하지 않는다. 비전과 꿈을 갖되 적극적인 열심과 부지런함이 있어야 한다. 꿈을 이루기 원한다면 단기와 장기 계획을 세워 전력을 다해 달려가야 한다. 행동 없는 몽상가, 말로만 때우는 자는 결코 꿈을 이룰 수 없다. 행동 없이 이상과 꿈만 말하는 것 자체가 게으름이다.

2) 성경은 게으른 자를 '악한 자'라고 했다

"그 주인이 대답하여 이르되 악하고 게으른 종아 나는 심지 않은 데서 거두고 헤치지 않은 데서 모으는 줄로 네가 알았느냐."(마 25:26)

주님이 직접 게으른 자를 악한 자라고 말씀하셨다. 맞다. 게으른 자는 악한 자다. 왜 게으른 게 악한가? 기회와 자원을 낭비하고, 책임을 회피한 채 하나님의 뜻을 거부하고 자신에게 주어진 달란트를 묻어두기 때문이다.

게으른 사람은 아무런 행동을 하지 않음으로 본인만 손해를 보는 것이 아니라 다른 사람들에게도 해를 끼치기에, 주님은 악하다고 책망하신다. 정신을 차려 열심을 품고 주님을 섬기는 충성스러운 사람이 되어야 한다.

3) 게으른 자는 지배받고 끌려 다닌다

"부지런한 자의 손은 사람을 다스리게 되어도 게으른 자는 부림을 받느니라."(잠 12:24)

우리가 세상을 이기고 변화시키려면 끌려 다니지 말고 끌고 가야 한다. 그렇게 살려면 부지런히 성경을 배우고 기도하며 열심히 훈련해야 한다. 게으른 생각을 품었다면 회개하고 인생을 재정립해야 한다.

4) 게으른 자는 기회를 버리기 때문에 결국 가난해진다

"게으른 자는 그 잡을 것도 사냥하지 아니하나니 사람의 부귀는 부지런한 것이니라."(잠 12:27)

우리에겐 늘 분명한 기회가 있다. 손만 내밀면 '기회를 사냥할 수' 있다. 그러나 게으른 자는 그 손을 내밀지 않는다. 그래서 결국 가난해 진다. 반드시 기회를 잡아야 한다. 기회가 왔을 때 최선을 다해야 한다. 지금 즉시 기회를 잡지 않으면 다시는 기회가 오지 않을 수 있기 때문이다. 즉시 실행해야 한다.

5) 게으른 자는 핑계만 연구한다

"게으른 자는 말하기를 사자가 밖에 있은즉 내가 나가면 거리에서 찢기겠다 하느니라."(잠 22:13)

게으른 자의 주특기는 핑계를 대는 것이다. 게으른 자는 안 되는 이유만 연구하고 나열한다. 그러나 바꿔 생각해보면 쉽게 안 되는 일, 남이 못하는 일이 있다면 그 일은 분명 가치 있는 일일 가능성이 크다. 누구나 할 수 있는 일, 쉽게 되는 일을 하려 한다면 절대로 잘되는 인생을 살 수 없다. 그런 사람들은 앞서다가도 금방 추월당한다. 항상 부지런하여 창의적인 새로운 일에 도전하라!

6) 고용주는 게으른 자를 몸서리치며 버린다

"게으른 자는 그 부리는 사람에게 마치 이에 식초 같고 눈에 연기 같으니라."(잠 10:26)

직원에게 중요한 일을 맡겼는데 며칠이 지나도 소식이 없고, 몇 달이 지나도 변화가 없다면 고용주는 고민하며 '언제 내보내야 할까'를 생각할 수밖에 없다. "이에 식초 같다"는 말은 너무 시어 몸서리치면서 뱉어버린다는 뜻이다. "눈에 연기 같다"는 것은 차마 눈뜨고 볼 수 없다는 의미다. 고용주는 이런 직원을 몸서리쳐 한다. 우리는 하나님 앞에서 이렇게 게으른 자가 되지 않아야 한다. 어디를 가든 지 고용주로부터 "더 좋은 대우를 해줄게 더 있어라. 떠나지 마라. 평생 같이 있자"라고 붙잡히는 사람이 되기 바란다.

7) 게으른 자는 우연히 될 일만 기다린다

"게으른 자는 그 손을 그릇에 넣고도 입으로 올리기를 괴로워하느니 라."(잠 26:15)

민음의 사람은 트루엣 캐시처럼 적극적이고 모험적인 삶을 살아야 한다. 전능하신 하나님이 함께 하시는데 무엇을 주저하는가. 내게 주신 사명과 약속이 있다면 적극적인 믿음으로 앞을 향해 나가야 한다. 살아있는 고기는 수원지를 향해 올라간다. 죽은 고기는 강 물결을 따라 흘러 내려간다. 게으른 자는 죽은 고기와 같다. 생명의 꿈틀거림이 없다. 늘 머뭇거리며 기다린다.

하나님 안에서 우연은 없다. 감이 저절로 떨어지기를 기다리지 말아야 한다. 우리는 하나님의 은혜로 '그릇에 손 넣은 자'가 되었다. 주님의 은혜와 사랑, 축복을 받은 자가 되었다면 이제는 하나님이 주신 믿음으로 기쁘고 감사하게 그릇 안의 음식을 입으로 올려 먹고 힘내어 부르심의 푯대를 향해 달려가야 한다. 절대로 입에 넣어줘도 삼키지 못하는 사람이 되어선 안 된다. 하나님이 우리에게 은혜를 주신 것은 피동적인 인생, 갓난아기처럼 젖만 먹는 신자로 살라는

것이 아니다. 나를 구원해 하나님의 자녀로 삼아주신 하늘 아버지가
내게 기대하시는 것은 무엇일까?

"그런즉 너희가 어떻게 행할지를 자세히 주의하여 지혜 없는 자 같이 하
지 말고 오직 지혜 있는 자 같이 하여 세월을 아끼라 때가 악하니라 그러
므로 어리석은 자가 되지 말고 오직 주의 뜻이 무엇인가 이해하라."
(엡 5:15~17)

주님의 뜻을 이해하는 것이 게으르지 않고 세월을 아끼며 지혜롭
게 사는 비결이다. 주님의 뜻을 분별해서 가치 있는 인생, 풍성한 인
생, 열매 맺는 인생으로 살기를 다짐해야 한다.

2. 하나님의 뜻을 깨달아 게으르지 말고 열심히 살자

주님의 뜻은 무엇인가? 이것을 아는 것이 게으르지 않고 지혜롭
게 사는데 결정적으로 중요하다.

1) 긍정과 감사, 기도를 하며 하나님 중심적으로 사는 것이다

"항상 기뻐하라 쉬지 말고 기도하라 범사에 감사하라 이것이 그리스도 예
수 안에서 너희를 향하신 하나님의 뜻이니라."(살전 5:16~18)

기뻐하고 감사하며 문제가 생기면 기도하는 것이 하나님의 뜻이다. 예수를 믿으면 성향과 인성이 달라진다. 제대로 믿으면 누구나 적극적이고 긍정적인 사람이 된다.

2) 하나님을 닮아서 인격과 삶이 거룩해지는 것이다

"하나님의 뜻은 이것이니 너희의 거룩함이라."(살전 4:3)

거듭난 신자가 거룩하게 되는 것이 하나님의 뜻이다. 자녀는 아버지를 닮게 되는 것이기에 이보다 더 중요한 것이 없다. 아버지가 아들에게 "너는 처음 보는 것처럼 아주 낯설구나. 너는 나와 딴판이다"라고 한다면 정말 문제다. "너의 마음과 말투, 일하는 것을 보면 정말 나를 닮은 것이 확실하구나"라는 말을 들어야 한다. 하나님은 거룩하신 분이다. 그분은 우리 아버지다. 그러므로 우리는 하늘 아버지를 닮아 거룩해야 한다.

3) 사람이 근심해서 회개하고 구원에 이르는 것이다

"하나님의 뜻대로 하는 근심은 후회할 것이 없는 구원에 이르게 하는 회개를 이루는 것이요."(고후 7:10)

사람이 근심해서 회개하고 구원에 이르는 것이 하나님의 뜻이다. 걱정과 근심 없이 사는 것이 모두 복은 아니다. 너무 사업이 잘 되고 아이들이 잘 크고 몸이 건강해 가장 중요한 영원에 대한 근심을 진지하게 하지 못하는 것은 오히려 불행이다. 그저 보이는 세상만이 전부인줄 착각하고 하나님을 믿지 않고 구원받지 못한다면 정말 심각한 문제가 아닐 수 없다.

> 선한 일을 하면서 고난 받는 것이 더 주님께 영광이 된다. 십자가를 지고 주님 뒤를 따라가는 것으로 거기서 신자의 능력과 향기가 나온다.

차라리 조금 부족하고, 조금 아프고, 조금 힘든 일이 있어 근심하며 기도하다가 복음을 깨달아 예수를 믿어 구원을 얻는다면 그것이 복이며 하나님의 뜻이다. 우리는 어떤 일이 있더라도 회개하여 구원을 받아야 한다.

4) 자신을 주께 드리고 전도자들을 돕는 것이 하나님의 뜻이다

"그들이 먼저 자신을 주께 드리고 또 하나님의 뜻을 따라 우리에게 주었도다."(고후 8:5)

마게도냐 교회는 주님께 자신들을 드리고 하나님의 뜻을 따라 전도자들을 도운 것으로 칭찬받았다. 주님은 선지자에게 물 한 그릇을 대접하는 것이 자신에게 한 것이며 선지자의 상으로 갚아 주신다 하셨다.

5) 선한 일을 하면서 고난 받는 것이 하나님 뜻이다

"선을 행함으로 고난 받는 것이 하나님의 뜻일진대"(벧전 3:17)

선한 일을 하면서 칭찬 받는 것보다 선한 일을 하면서 고난 받는 것이 더 주님께 영광이 된다. 십자가를 지고 주님 뒤를 따라가는 것으로 거기서 신자의 능력과 향기가 나온다.

6) 교만한 자에게는 숨기고 겸손한 자에게 천국을 나타내는 것이다

"이것을 지혜롭고 슬기 있는 자들에게는 숨기시고 어린 아이들에게는 나타내심을 감사하나이다. 옳소이다 이렇게 된 것이 아버지의 뜻이니이다."(마 11:25~26)

천국 비밀을 스스로 지혜 있다고 생각하는 자에게는 숨기고 어린 아이 같이 겸손한 사람에게 나타내는 것이 하나님의 뜻이다. 어린아이처럼 겸손한 마음으로 살아 천국 비밀을 깨닫고 체험하는 것이 진정한 복이다. 들어도 깨닫지 못하는 것은 그 영이 게으르기 때문이다. 영이 게을러지면 교만해지고 깨닫지 못하게 된다. 항상 어린 아이들처럼 새롭게 듣고 신선하게 깨달아야 한다.

7) 예수 믿어 영생을 얻는 것이 하나님 뜻이다

코넬리우스 밴더빌트

"내 아버지의 뜻은 아들을 보고 믿는 자마다 영생을 얻는 이것이니"
(요 6:40)

아들을 보고 믿는 자마다 구원받는 것이 아버지의 가장 큰 뜻이다. 세상에서 예수 믿지 못한 채 죽어 영원한 심판과 저주에 떨어진다면 이 땅에서의 지식과 물질, 영광이 무슨 소용이 있겠는가? 인생을 게으르지 않게 사는 비결은 예수 믿어 영생을 얻는 것이다!

미국의 대부호 코넬리우스 밴더빌트가 임종을 앞두게 되었다. 그는 신앙에 무관심한 사람이었다. 그에겐 돈이 신앙이며 존재 이유였다. 그런데 인생의 마지막 순간에 흑인 하녀가 조용히 찬송을 불렀다.

'예수님은 누구신가 우는 자의 위로요/ 없는 자의 풍성이며 천한 자의 높음과/ 잡힌 자의 놓임 되고 우리 기쁨 되시네// 예수님은 누구신가 약한 자의 강함과/ 눈먼 자의 빛이시며 병든 자의 고침과/ 죽은 자의 부활되고 우리 생명 되시네// 예수님은 누구신가 추한 자의 정함과/ 죽을 자의 생명이며 죄인들의 중보와/ 멸망자의 구원되고 우리 평화되시네.'

밴더빌트는 죽음을 눈앞에 두고 조용히 찬송가 가사를 음미했다. 그 찬송가에는 예수님의 속성이 잘 나타나 있었다. 밴더빌트의 입술이 조금씩 떨려왔다. 그는 나지막한 음성으로 고백했다. "주님, 저는 가난하고 천한 자입니다. 당신이 없다면 재물과 지식과 명예가 아무 소용없습니다. 이 시간, 예수님을 구세주로 영접합니다."

영생을 얻지 못하면 교회를 다니건, 다니지 않건 이 세상에서 가장 불행한 사람이다. 그런 사람들은 떡 그릇에 손을 넣었음에도 입에 올리지 못해 괴로워하는 사람이다. 반드시 예수를 구주로 영접해야 한다. 그래야 영원한 생명을 얻는다. 이 영생의 복음을 힘써 전하며 살기 바란다.

05

마음을
리모델링하라

"내 아들아 네 마음을 내게 주며
네 눈으로 내 길을 즐거워할지어다."
(잠 23:26)

인생이란 무엇인가? 출생(Birth)과 죽음(Death) 사이에 무엇이 있는가? B와 D 사이에 C가 있다. 출생과 죽음 사이에서 인간은 선택(Choice)을 하며 산다.

출생과 죽음 사이에서 무엇을 선택하느냐에 따라 삶과 행복, 믿음이 결정된다. 절망과 희망의 차이는 자기 생각의 차이다. 그래서 생각과 마음이 너무나 중요하다.

사건보다 해석이 중요하다. 어떤 일이 발생했을 때, 그것을 어떻게 바라보고 해석하느냐에 따라 너무나 큰 차이가 발생한다. 사건보다 더 중요한 것은 그 사건을 바라보는 사람의 생각과 마음이다. 인간은 자기 마음에 보고 싶은 것만 보려하며 자기가 원하는 방향으로만 사건을 이해하고 해석하려는 특성을 갖고 있다.

1. 신앙생활에서 가장 중요한 것은 내 마음을 관리하는 것이다

1) 마음이 상한 사람에게는 어떤 좋은 말도 들리지 않는다

"마음이 상한 자에게 노래하는 것은 추운 날에 옷을 벗음 같고 소다 위에 식초를 부음 같으니라."(잠 25:20)

위대한 전도자인 바울의 설교를 들으며 졸다가 떨어져 죽은 사람이 있다. 심지어 예수님의 말씀을 들으면서도 마음에 분노로 가득

찬 사람이 있다. 왜 그럴까? 마음을 열지 않으면 어떤 말씀도 들리지 않는다. 따라서 어떤 은혜도 받지 못한다. '열린 마음'을 갖는 것이 축복이다.

2) 마음에 즐거움이 있으면 병이 낫지만 근심이 있으면 뼈가 마른다

"마음의 즐거움은 양약이라도 심령의 근심은 뼈를 마르게 하느니라."
(잠 17:22)

웃음 치료법은 의학적·통계학적으로 근거가 있다. 걱정과 근심을 하면 신경과 근육이 경직되며 호르몬의 흐름이 비정상적으로 된다. 피도 딱딱하게 되어 흐름이 원활하지 못하게 된다. 그러나 웃고 기뻐하며 여유를 가지면 근육과 혈액이 부드러워진다. 노련한 일류가수들은 무대에 서기 전에 공연이 아니라 흥겹게 놀다 가겠다고 생각한다.

3) 마음에서 나오는 생각이 인생의 방향을 결정한다

"마음에서 나오는 것은 악한 생각과 살인과 간음과 음란과 도둑질과 거짓 증언과 비방이니"(마 15:19)

마음에서 생각이 나오고, 말이 나오고, 행동이 나오고, 인생이 나오고, 죽고 사는 운명이 결정된다. 그래서 마음을 관리하는 것이 무엇보다 중요하다.

4) 사람의 마음은 자신만 알고 자기만 방향을 결정할 수 있다

"마음의 고통은 자기가 알고 마음의 즐거움은 타인이 참여하지 못하느니라."(잠 14:10)

자기 마음의 운전대는 누구도 잡아서 되돌릴 수 없다. 오직 나만이 핸들을 잡고 돌릴 수 있다. 미국의 어느 대통령은 "사람은 스스로 행복해지려고 결심한 정도만큼 행복해진다"라고 말했다. 결국 자신이 스스로의 마음을 정하는 것이 중요하다는 말이다.

5) 우리 마음에 많은 계획이 있지만 오직 하나님의 뜻만 이루어진다

"사람의 마음에는 많은 계획이 있어도 오직 여호와의 뜻만이 완전히 서리라."(잠 19:21)

내가 계획한다고 모두 이루어지는 것이 아니다. 또한 내가 세운 계획대로 이루어진다고 다 유익한 것도 아니다. 오직 하나님의 뜻만이 완전하고 유익한 것이다. 그러므로 우리는 내 생각보다 하나님의 뜻을 마음에 품고 살아야 한다.

6) 하나님은 우리가 마음 주기를 원하신다

"내 아들아 네 마음을 내게 주며 네 눈으로 내 길을 즐거워할지어다."
(잠 23:26)

하나님이 정말 원하시는 것은 물질이나 그 어떤 것이 아니라 우리
의 마음이다. 하나님께 마음을 드리고 그분을 사랑하며 그 말씀을
즐거워할 때, 은혜를 받아 인생이 술술 풀리게 된다.

7) 하나님은 내 마음에 거하시기를 원하신다

"또한 그들이 마음에 하나님 두기를 싫어하매 하나님께서 그들을 그 상실
한 마음대로 내버려 두사 합당하지 못한 일을 하게 하셨으니"(롬 1:28)

인간은 타락 이후, 마음에 하나님 두기를 싫어하는 존재가 되었
다. 그래서 하나님은 인간을 비극적인 죄로 고통당하는 상실한 마음
을 지닌 상태 그대로 내버려 두신다고 했다. 우리는 말씀을 보며 깨
닫고 결심해야 한다. '나는 그냥 이대로 상실한 마음으로 살 것인
가?' '하나님 없이 살 것인가?' '상하고 병든 마음 그대로 살 것인가?'
'무슨 말씀을 들어도 열린 마음으로 받지 않고, 어떤 은혜의 기회가
찾아와도 그냥 구경꾼처럼 지나갈 것인가?' '그저 냉소적인 방관자
로 살 것인가?'

신앙생활을 잘 하려면 마음을 리모델링해야 한다. 자신의 인생을 벽만 남기고 다 고쳐야 한다면 무엇보다 먼저 마음의 리모델링을 해야 한다. 인생 전체를 대규모로 다시 건축하려면 마음을 리노베이션해야 하는 것이다. 거친 마음을 옥토처럼 부드럽고 수용성이 있는 새 마음으로 변화시켜야 한다. 그래야 새 삶이 시작된다.

2. 복된 인생을 살려면 변화의 발목을 잡고 있는 마음을 리모델링해야 한다

리더십의 대가 존 맥스웰의 글에 재미있는 이야기가 나온다. 어떤 사람에게 하는 일마다 시비를 거는 원수 같은 방해꾼이 있었다. 그는 무엇인가 하려면 어김없이 나타나 자신의 발목을 잡고 속을 뒤집어 놓는 아주 나쁜 사람이었다. 어느 날, 그 원수 같은 놈이 벙거지를 눌러쓰고 홀로 길을 걷는 것이 발견 되었다. 아주 끝장내려고 벙거지를 벗기고 후려치려는 순간, 아니 그 원수 같은 놈이 바로 자기였다는 것이다. 물론 맥스웰은 자신의 이론을 설명하기 위해 예를 든 것이다. 그런데 참 적절한 예화다.

사람은 살아가면서 수많은 장애물을 만

신앙생활을 잘 하려면 마음을 리모델링해야 한다. 거친 마음을 옥토처럼 부드럽고 수용성이 있는 새 마음으로 변화시켜야 한다. 그래야 새 삶이 시작된다.

나는데 자세히 살펴보면 그 중 가장 큰 장애물이 바로 나 자신이라
는 것에 많은 이들이 동감할 것이다. 먼저 나 자신을 알고. 나를 다
스리는 사람이 되어야한다.

새롭게 되기 위해선 우선 나를 리모델링해야 한다. 그러면 영성
과 믿음이 올라가면서 인생이 변화될 것이다.

1) 미련을 갖고 남겨두지 말고 완벽히 부숴야 한다

헌 집을 리모델링하려면 불필요한 것은 과감하게 부숴야 한다.
잘 살펴보면 '이건 내 것이 아니다.'라고 싶은 것이 많다. 게으름, 조
절 장애, 분노, 어둡고 부정적인 사고방식, 결단 못 하고 우물쭈물하
는 애매모호함, 절제 못하는 정욕과 욕심 등 버리고 싶은 것이 너무
나 많다. 리모델링하려면 무엇보다 먼저 나를 부인해야 한다. 나를
깨뜨려야 한다.

많은 분들이 사업에 실패하거나 심각한 질병을 만났을 때, 하나님
을 체험하고 큰 믿음의 사람으로 변화된다. 왜 그런가? 그런 경험을
통해 확실하게 나를 부쉈기 때문이다.

"무리와 제자들을 불러 이르시되 누구든지 나를 따라오려거든 자기를 부
인하고 자기 십자가를 지고 나를 따를 것이니라."(막 8:34)

나를 부숴버릴 수 있는 사람은 오직 나 자신 뿐이다. 내가 나를 부

인해야 한다. 그것이 진정으로 회개하는 것이다. 나의 죽음을 선포하고 하나님께 돌아서야 한다.

2) 성령 하나님을 리모델링하시는 분으로 모셔야 한다

"우리를 구원하시되 우리가 행한 바 의로운 행위로 말미암지 아니하고 오직 그의 긍휼하심을 따라 중생의 씻음과 성령의 새롭게 하심으로 하셨나니"(딛 3:5)

'성령의 새롭게 하심'이 정말로 중요하다. 성령님은 우리를 새롭게 해주신다. 성령님은 하나님의 사랑과 예수님의 대속, 구원과 영생의 능력을 나에게 배달해 주신다. 또한 성령님은 말씀으로 나를 새롭게 고쳐주신다. 나를 치유하고 필요한 것을 채워주신다. 그래서 우리 인생의 리모델링은 반드시 성령님이 해주셔야 한다. 이렇게 기도하기 바란다. "성령님, 나를 고쳐주옵소서. 나의 기질과 감정, 의지와 지성을 리모델링 해주소서. 나를 다시 빚어주옵소서!"

3) 하나님의 설계도를 받아들이고 중단치 말고 계속 그 설계도대로 작업해야 한다

급하고 중요한 공사는 비가 오고 바람이 불어도 중단되어선 안 된다. 비가 오면 내부공사를 하면 된다. 요점은 리모델링 작업을 중단하지 말고 꾸준히 해야 한다는 것이다. 날씨가 나빠도, 손님이 와도, 부부싸움을 해도 마음의 리모델링 공사를 위한 예배에 빠지면 안 된다.

성령님께서는 항상 "너는 어떻게 바뀌기 원하느냐?"라고 물으신다. 그러면 우리는 "하나님 뜻대로 고쳐주세요. 내 말도 고쳐주시고, 돈 쓰는 것도 고쳐주시고, 내 생활습관도 예수님을 닮도록 고쳐주세요."라고 답해야 한다. 끊임없이 성령님과 의논하며 고쳐나가야 한다. 늘 '하나님의 설계도가 무엇인가?'를 염두에 둬야 한다.

> "하나님이 미리 아신 자들을 또한 그 아들의 형상을 본받게 하기 위하여 미리 정하셨으니 이는 그로 많은 형제 중에서 맏아들이 되게 하려 하심이니라."(롬 8:29)

하나님은 피조물들이 독생자 예수님의 형상을 본받게 하려고 미리 정하셨고 계획하고 설계하셨다. 예수님이 많은 형제 중에 맏아들이 되고 나도 형제 중에 하늘 기업을 상속받는 자녀가 되게 하려는 것이 바로 나를 향한 '하나님의 인생 설계도'이다. 이렇게 황홀하고 아름다운 설계도가 나를 위해 준비되었다. 이것을 기쁨으로 받아들이고 항상 사모하며 살아야 한다. 이 영광스러운 내 인생의 설계도 때문에 억울한 일을 당해도 주님을 바라보며 참을 수 있는 것이다. 힘들고 어려운 사역도 장차 찾아올 영광을 바라보며 충성할 수 있는 것이다.

4) 하나님을 내 마음에 모셔 들임으로 우리 몸이 성전 되게 해야 한다

"그의 성령을 우리에게 주시므로 우리가 그 안에 거하고 그가 우리 안에 거하시는 줄을 아느니라."(요일 4:13)

'성령을 주신다'는 말은 하나님이 내 안에, 내가 하나님 안에 거하며 하나가 된다는 의미다. 성령을 받음으로 나는 이제 하나님과 하나이며 하나님이 나를 자신처럼 여기며 보호하고 거룩하게 하신다.

"너희는 너희가 하나님의 성전인 것과 하나님의 성령이 너희 안에 계시는 것을 알지 못하느냐."(고전 3:16)

'내가 성전'이라는 말은 하나님이 내 안에 거하셔서 나를 거룩하게 하고 복 주시며 그 복이 넘쳐 다른 사람에게 흘러간다는 말이다. 내 존재가 성전처럼 구별된 거룩한 존재가 되며 내가 모든 사람을 축복하는 가치 있는 존재가 된다는 것이다.

5) 마음을 다해 하나님만 의지하고 주님을 인정하며 살아야 한다

"너는 마음을 다하여 여호와를 신뢰하고 네 명철을 의지하지 말라 너는 범사에 그를 인정하라 그리하면 네 길을 지도하시리라."(잠 3:5~6)

> **"하나님이 내 인생의 주인인 것을 믿습니다. 내 물질과 내 시간, 내 재능은 모두 주님의 것입니다. 주님 뜻대로 나를 써주시옵소서."**

반드시 하나님을 의지하고 하나님을 기대해야 한다. 그러면 하나님이 모든 좋은 것으로 만족하게 해주신다. '하나님을 의지한다'는 말은 범사에 하나님을 인정한다는 말이다. 어떻게 인정하는가? 다음과 같이 인정한다.

"하나님은 나의 구원자요 아버지십니다. 독생자를 십자가에 내어 주시기까지 나를 사랑하셨으니 이제 나는 어떤 일을 만나도 승리할 줄 믿습니다. 하나님이 내 인생의 주인인 것을 믿습니다. 주님이 책임져주시고 필요를 공급해주실 것을 믿습니다. 내 물질과 내 시간, 내 재능은 모두 주님의 것입니다. 모든 것을 주님께 올려드립니다. 주님 뜻대로 나를 써주시옵소서. 주님은 내 인생의 왕이십니다. 주님의 명령에 순종하며 주님 뜻과 비전을 성취하는 사람으로 살기 원합니다. 주님 나라와 뜻을 이루는 도구로 저를 들어 써주옵소서!"

"심령이 가난한 자는 복이 있나니 천국이 그들의 것임이요."(마 5:3)

마음을 잘 리모델링해서 가난하고 겸손한 마음으로 이 땅에서 천국을 누리며 살기 바란다. 찬송가 212장 '겸손히 주를 섬길 때'를 불러보자.

1. 겸손히 주를 섬길 때 괴로운 일이 많으나 구주여 내게 힘 주사 잘 감당하게 하소서.

2. 인자한 말을 가지고 사람을 감화시키며 갈 길을 잃은 무리를 잘 인도하게 하소서.

3. 구주의 귀한 인내를 깨달아 알게 하시고 굳건한 믿음 주셔서 늘 승리하게 하소서.

4. 장래의 영광 비추사 소망이 되게 하시며 구주와 함께 살면서 참 평강 얻게 하소서. 아멘.

06

생명나무의
비밀을
알고 살라

"지혜는 그 얻은 자에게 생명나무라
지혜를 가진 자는 복되도다."
(잠 3:18)

구약의 최대 비밀은 생명나무다. 하나님은 에덴 중앙에 생명나무와 선악을 알게 하는 나무를 두셨다. 생명나무의 열매는 마음껏 먹을 수 있지만 선악을 알게 하는 나무의 열매는 먹어선 안 된다고 하셨다. 그런데 아담이 마귀의 시험을 받고 생명나무 열매가 아니라 선악을 알게 하는 나무 열매를 먹음으로 하나님의 명령을 거역하는 범죄를 저질렀다. 그래서 하나님은 아담과 하와를 에덴에서 추방하고 생명나무의 길을 그룹들과 두루 도는 화염검으로 막으셨다. 그 후로 생명나무는 비밀로 감춰졌다가 성막의 지성소에 생명나무의 길을 지키는 그룹들이 등장했다. 그리고 잠언에 다시 생명나무가 나온다. 역사의 최대 비밀인 생명나무가 공개된 것이다.

하나님이 주신 선악과와 생명나무 가운데 선악과란 무엇인가? 마귀가 하와를 유혹한 말 속에 선악과의 특성이 잘 나타나있다. 마귀가 유혹한 포인트는 다음과 같다.

1)내 생명은 내 것이다. 2)모든 것은 내 힘과 결심으로 할 수 있다. 3)내 생각은 절대로 옳아 다른 기준이 필요 없다. 4)내 인생은 내가 주도해서 살아야 한다. 5)내가 원하면 남의 눈치 볼 필요 없이 하면 된다. 6)내가 선과 악의 기준이다. 7)나 스스로 하나님이 될 수 있다.

바로 이것이 선악과의 특성이다. 선악과는 나 중심의 이기주의와 인본주의 사상으로 나타난다. 그러나 생명나무의 특성은 선악과와는 완전 반대다. 다음은 생명나무의 포인트다.

1)내 생명은 하나님이 주신 선물이다. 2)내 인생은 하나님의 섭리

에 의해 인도된다. 3)나는 하나님 말씀을 모든 판단의 절대기준으로 삼는다. 4)내 인생은 하나님을 신뢰하고 순종할 때 형통하고 행복하다. 5)내가 원해도 하나님의 뜻을 생각하고 타인에게 덕이 되는 삶을 살아야 한다. 6)세상을 보는 기준은 하나님의 말씀이며 그 말씀을 통해서 하나님을 알고, 믿을 수 있다. 7)나는 하나님을 사랑하여 거룩하게 닮기 원한다.

이것이 생명나무의 특성으로 하나님 중심, 은혜 중심으로 사는 신본주의 사상이다. 선악과는 '나 중심'으로 사는 것이며 생명나무는 '하나님 중심'으로 사는 것이다. 우리는 '선악과적인 삶을 살 것인가', 아니면 '생명나무적인 삶을 살 것인가'를 결정해야한다. '생명나무 경영법'으로 인생을 경영하며 살아야 범사에 잘되는 역사가 일어난다. 그렇다면 어떻게 사는 것이 생명나무로 사는 것인가?

1. 하나님을 높여 예배하며 사는 것이다

"지혜는 그 얻은 자에게 생명나무라 지혜를 가진 자는 복되도다."

(잠 3:18)

지혜란 지식과 달리 본질을 꿰뚫어보고 어떤 것이 옳고 가치 있는지를 판단하는 능력이다. 성경은 "여호와를 경외하는 것이 지혜의 근본"이라고 했다. 지혜는 하나님을 사랑하며 두려워하고 높여 예배하는 것이다. 예배를 드릴뿐 아니라 일상의 삶 속에서 하나님 말씀을 믿고 순종하며 그분을 높이는 것이다. 하나님은 예배와 모든 삶의 영역에서 하나님 자신을 높이는 자에게 생명나무를 누리게 하신다. 하나님이 주시는 기쁨, 하나님의 사랑과 은혜, 하나님과 동행하는 영생의 기쁨, 성령의 능력과 열매가 가득한 삶이 생명나무를 누리는 삶이다. 그 삶에 들어가면 하나님이 함께 계시고 나를 지켜주신다. 나를 인도하시고 사랑하시며 나에게 은혜주시는 것을 경험하게 된다. 여호와를 경외하는 자는 이런 복을 땅에서부터 누린다. 그리고 저 천국에서 그 복을 영원히 누릴 것이다. 성경은 이렇게 하나님을 경외하는 지혜를 지닌 사람을 '복 있는 사람'이라고 부른다.

2. 사람을 얻고 구원하며 사는 것이다

"의인의 열매는 생명나무라 지혜로운 자는 사람을 얻느니라." (잠 11:30)

생명나무의 원리로 사는 사람은 사람을 얻는다. 사실 사람을 얻는 것이 장사의 성공 비결이며 영적사역의 핵심이다. 돈 벌기 위해서 사업하는 사람은 돈의 노예가 된다. 조선시대의 거상들은 '장사의 본질은 사람 남기는 것'이라고 했다. 사람을 남기려는 상인은 친절하며 그 사람에게 필요한 것이 무엇인지 잘 살펴서 제공한다. 자연히 사람들에게 인정받고 신용이 생겨 결국 사업이 흥왕하게 된다.

이것이 바로 하나님이 정하신 잘 되는 삶의 비결이다.

내가 행복하려면 남을 행복하게 해줘야한다. '나 중심'이 아니라 '너 중심'으로 생각해야 한다. 이를 위해선 '네가 주인이고 나는 너를 섬기는 사람'이라는 발상의 전환이 필요하다. 순서를 바꿔야 한다. 하나님 사랑, 이웃 사랑, 하나님 중심, 이웃 중심으로 살 때 형통하고 행복하며 사랑이 넘치게 된다. 이렇게 생명나무의 정신으로 나누고 섬기는 삶을 사는 것이 복이다.

3. 따뜻하고 선한 말로 마음을 치유하는 것이다

"온순한 혀는 곧 생명나무이지만 패역한 혀는 마음을 상하게 하느니라."(잠 15:4)

말은 그 사람의 영적상태와 인격을 보여주는 거울과 같다. 아담이 마귀의 시험을 받아 선악과를 먹고 타락하면서 당장 달라진 것이 바로 언어다. 하나님이 아담에게 물으셨다. "내가 너더러 먹지 말라 한 실과를 네가 먹었느냐?" 아담은 이렇게 답한다. "하나님이 주셔서 나와 함께 한 여자가 주므로 먹었나이다." 하나님이 만들어 주신 여자가 줘서 먹었다는 것이다. 아담은 지금 하나님께 책임을 전가시키는 한편 아내를 원망하고 있다.

후에 가인이 동생 아벨을 죽였을 때도 하나님이 가인에게 물으셨다. "네 동생 아벨이 어디 있느냐?" 가인이 대답했다. "내가 동생을 지키는 자입니까?" 선악과를 먹으면 원망하고 책임을 전가하고 관계를 끊어버리는 말을 하게 된다. 이것이 바로 선악과적인 삶이다.

우리는 의인이며 큰 믿음의 사람인 욥에게 배워야 한다. 욥이 원인 모를 큰 환난을 당했다.

"이 모든 일에 욥이 범죄하지 아니하고 하나님을 향하여 원망하지 아니하니라."(욥 1:22)

욥이 당한 재난과 질병이 더 심해졌다. 아내는 "차라리 하나님을 저주하고 죽자"고 했다. 그 절박한 상황에 처한 욥의 말을 들어보자.

"그가 이르되 그대의 말이 한 어리석은 여자의 말 같도다 우리가 하나님께 복을 받았은즉 화도 받지 아니하겠느냐 하고 이 모든 일에 욥이 입술로 범죄하지 아니하니라."(욥 2:10)

언어가 중요하다. 입으로 화를 부르고 마음에 상처도 줄 수 있지만 반대로 입으로 은혜를 불러오며 치유를 할 수 있다.

4. 믿고 바라는 대로 이루며 사는 것이다

"소망이 더디 이루어지면 그것이 마음을 상하게 하거니와 소원이 이루어
지는 것은 곧 생명나무니라."(잠 13:12)

'소망이 이루어지는 것'이 생명나무라는 말은 무슨 뜻인가? 내 욕
심대로 되는 것이 생명나무라는 뜻인가?

"믿음은 바라는 것들의 실상이요 보이지 않는 것들의 증거니 선진들이 이
로써 증거를 얻었느니라."(히 11:1,2)

믿음으로 살아서 바라는 대로 성취되는 삶을 산다는 것이다. 무
엇을 바라는가? 하나님의 약속을 믿고 바라는 것이다. 믿고 바라는
사람에게 그 약속은 반드시 이루어진다. 우리 믿음의 선진들이 모두
이렇게 분명한 증거를 갖고 살았다. 그러니 나에게도, 우리에게도
그런 증거가 나타날 것을 분명히 믿어야 한다. 믿음은 절대로 헛되
지 않는다. 믿으면 증거가 나타난다. 이렇게 하나님 약속을 소원하
고, 그 바라는 것이 이루어진 증거를 모아가면서 사는 것이 바로 생
명나무의 삶이다.

5. 죄와 싸우며 거룩하게 사는 것이다

"자기 두루마기를 빠는 자들은 복이 있으니 이는 그들이 생명나무에 나아가며 문들을 통하여 성에 들어갈 권세를 받으려 함이로다."(계 22:14)

'두루마기를 **빤다**'는 말은 죄와 싸워 죄에 물들지 않고 거룩하게 산다는 뜻이다. 우리가 치를 최고의 전쟁은 죄와 싸우는 전쟁이다. 욕심에서 죄가 나온다. 두루마기를 **빠는** 것은 예수 그리스도의 보배 피를 힘입어 거룩하고 성결하게 사는 것이다. 죄를 회개하는 것이다. 우리의 죄는 평화를 깨뜨리고 영적인 능력을 약하게 만든다.

거룩이 능력이요, 거룩이 축복이다! 거룩하게 살기를 결단해야 한다. 거룩에 인생의 승부를 걸어야 한다!

6. 하나님 말씀을 가감하지 않고 순종하는 것이다

"만일 누구든지 이 두루마리의 예언의 말씀에서 제하여 버리면 하나님이 이 두루마리에 기록된 생명나무와 및 거룩한 성에 참여함을 제하여 버리시리라."(계 22:19)

사람들은 왜 말씀을 가감하는가? 하나님 말씀보다 자기 생각이 옳다고 생각하기 때문이다. 하와는 선악과에 대해서 마귀(뱀)에게 말할 때 하나님 말씀을 가감했다. 하나님은 분명히 "먹는 날에는 정녕 죽으리라"고 하셨다. 그런데 하와는 "죽을까 하노라"고 조금 변질시켰다. 자기 생각으로 말씀을 변경시키는 것이 선악과적인 삶의 특징이다. 마치 자기가 하나님인 것처럼 착각, 자기 마음대로 살면서 세상을 지옥같이 만들고 결국 멸망하게 된다.

그러나 생명나무의 삶을 사는 사람은 항상 말씀에 "아멘"으로 응답한다. 늘 말씀을 믿고 바라면서 산다. 말씀이 내 생각과 같을 때도 "아멘"이고, 내 생각과 다를 때도 "아멘"이다. 말씀이 내 생각과 같을 때에는 내가 하나님 말씀처럼 변화하고 성숙했다는 뜻이니 "할렐루야, 아멘"이라고 답할 수 있다. 말씀이 내 생각과 다를 때에는 '내 생각보다 하늘만큼 높은 말씀'이 더 신령하고 엄청난 복으로 나를 채우고 인도하겠다는 뜻으로 받아들이며 더욱 "할렐루야, 아멘"으로 응답할 수 있는 것이다. "아멘, 아멘"하면서 내 생각을 말씀에 맞추는 것이 생명나무의 믿음이다. 반면에 말씀을 내 생각에 맞추려 하는 것은 선악과적인 생각이다.

누군가 "동성애를 금하는 게 가부장적인 성경사상 때문"이라고 한다. 그것이 바로 선악과다! 다른 종교를 믿어도 구원받고, 인간이 선하게 살면 구원받는다고도 말한다. 누가 그러는가? 그게 바로 선악과다! 성경은 분명히 "천하 만물에 구원 얻을 만한 다른 이름을 주신 적이 없다"고 분명히 말한다.

"너희는 그 은혜에 의하여 믿음으로 말미암아 구원을 받았으니 이것은 너
희에게서 난 것이 아니요 하나님의 선물이라 행위에서 난 것이 아니니 이
는 누구든지 자랑하지 못하게 함이라."(엡 2:8~9)

분명히 선행으로 구원을 얻을 수 없다고 했다. 확실하게 말씀을
믿고, 그 은혜를 사모하며 믿음으로 생명의 주님을 영접해야 한다.
우리는 말씀대로 믿고 기대하며 말씀 그대로 성취되는 것을 보아야
할 사람들이다.

7. 승리하며 다스리는 왕권으로 사는 것이다

"귀 있는 자는 성령이 교회들에게 하시는 말씀을 들을지어다 이기는 그에
게는 내가 하나님의 낙원에 있는 생명나무의 열매를 주어 먹게 하리
라."(계 2:7)

이기는 자가 생명나무의 과실을 먹는다고 했다. 무엇을 이긴다는
말인가? 죄와 싸워 이기고 마귀와의 싸움에서 이기는 것이다. 인생
에서 승리하는 네가지의 비결이 있다.

1) 회개다. 겸손히 회개해야 승리한다.

2) 순종이다. 순종할 때 영적인 능력이 생긴다.

3) 헌신이다. 의의 도구로 하나님께 자신을 드려야 승리한다.

할 일이 없는 자가 죄를 제일 많이 짓는다. 할 일이 많고 목표가 뚜렷한 사람은 사소한 데 목숨 걸고 시간을 낭비하지 않는다. 할 일이 없는 사람은 말투 하나하나를 붙잡고 늘어지며 싸운다. 동성애를 주장하고 다른 종교와의 연합을 주장하는 목회자들을 보면 전도와 선교하지 않는 사람들일 경우가 많다고 한다. 교회 규모도 작다. 할 일 없어 여기저기 몰려다니며 이슈를 만드는 사람들이 적지 않다. 전도하고 선교하기에 바쁜 사람들은 그런 이야기를 하며 앉아 있을 시간이 없다. 영적전쟁에서 가장 확실한 승리의 방법은 나 자신을 하나님께 드리는 것이다.

4) 왕권을 주신 것을 믿어야 한다.

"무릇 하나님께로부터 난 자마다 세상을 이기느니라 세상을 이기는 승리는 이것이니 우리의 믿음이니라."(요일 5:4)

하나님께로 난 자마다 세상을 이긴다고 했다. 하나님이 그런 사람들에게 이기는 권세, 왕권을 주시기 때문이다. 하나님은 우리를 지으실 때, "생육하고 번성하여 땅에 충만하며 땅을 정복하고 다스리라"고 하셨다. 그것이 인간을 지으신 하나님의 오리지널 디자인이었다. 그때 왕권을 주셨다. 그러나 사탄에게 시험받아 범죄 할 때 그 왕권을 박탈당하고 마귀의 종으로 살아왔다. 그런데 회개하며 예수 십자가와 부활의 복음을 믿어 영접하는 순간, 하나님 자녀로 거듭난다. 바로 그때, 하나님의 오리지널 디자인이 회복되고 왕권도 회복된다. 이것을 확실히 믿어야 한다.

"나는 하나님 은혜로 이길 수 있다!" "나는 예수 안에서 넉넉히 승리할 것이다!" 이렇게 말해야 한다. "나는 할 수 없어." "나는 보잘 것 없는 인간이기에 어쩔 수 없어." 이렇게 자포자기하며 무장을 해제하지 말아야 한다.

로마서의 이 구절을 평생 기억하시라.

"그러나 이 모든 일에 우리를 사랑하시는 이로 말미암아 우리가 넉넉히 이기느니라."(롬 8:37)

우리는 이기는 자들이다.

07

미련해서
무엇을 얻을지
계산하라

"미련한 자를 낳는 자는 근심을 당하나니
미련한 자의 아비는 낙이 없느니라."
(잠 17:21)

미국 뉴욕 브루클린의 빈민가에서 흑인 아이가 태어났다. 아버지 월급으론 생계유지도 어려운 가정이었다. 그래서 그 아이는 가난과 멸시 속에서 내일의 희망을 품을 수 없는 어린 시절을 보내야 했다. 열세 살 된 어느 날, 아버지가 낡은 옷 한 벌을 주면서 아이와 대화를 나눴다. "얘야, 이 옷이 얼마나 할 것 같니?" "1달러 정도요?" "그럼, 너는 이 옷을 2달러에 팔 수 있겠니?" "바보나 2달러에 사겠지요." 그러자 아버지는 아이에게 말했다. "너는 왜 시도해 보지도 않으려 하니? 우리 집 형편이 어려운 것 잘 알고 있지? 네가 이 옷을 팔면 엄마에게 도움이 될 거다." 그러자 아이는 고개를 끄떡이며 말했다. "네, 한번 해 볼게요. 하지만 못 팔 수도 있어요."

아이는 그 옷을 빨고 손으로 주름을 핀 후 바닥에 펼쳐 그늘에 말렸다. 이튿날 그 옷을 갖고 사람들이 많은 브루클린의 지하철역에 갔다. 6시간 동안 옷을 사라고 외친 후에 드디어 팔았다. 그 후, 그는 매일 쓰레기통에서 열심히 낡은 옷을 찾아 깨끗하게 손질한 후 번화가에 내다 팔았다. 열흘쯤 지난 후, 아버지가 다시 낡은 옷 한 벌을 주었다. "어떻게 하면 이 옷을 20달러에 팔 수 있겠는지 생각해봐라." "아니 어떻게 2달러의 가치도 되지 않는 헌 옷을 20달러에 팔아요?" 그러자 아버지가 또 말했다. "너는 왜 해보지도 않고 안 된다는 말을 하니? 잘 생각해보면 방법이 있을 거야."

고민 끝에 좋은 방법이 생각났다. 그림을 그리는 사촌형에게 귀여운 도널드 덕과 미키마우스를 옷에 그려달라고 부탁했다. 그리고 그 옷을 갖고 부자 아이들이 다니는 학교 앞에 가서 "옷 사세요"라고 외쳤다. 그러자 어떤 부잣집 운전기사가 차에 타고 있는 주인 아들에게 주겠다며 그 옷을 20달러에 샀다. 부잣집 아이는 그 그림을 아주 좋아해 5달러의 팁까지 줬다. 25달러! 당시 아버지의 한 달 월급과 맞먹는 돈이었다. 집에 오자 아버지는 또다시 낡은 옷을 한 벌 주었다. "너는 똑똑하니까 이 옷을 200달러에 팔 수 있겠니?" 그는 옷을 받아들고 생각에 잠겼다. 두 달 뒤 TV 인기시리즈 '미녀 삼총사'의 여주인공 파라 포셋이 홍보차 뉴욕을 방문했다. 아이는 기자회견이 끝나자 파라 포셋에게 달려 들어가 아버지가 준 낡은 옷에 사인을 해 달라 부탁했다. 파라 포셋은 당황하다가 미소를 띠며 그의 요청대로 사인해 주었다. 아이는 하얀 이를 드러내고 활짝 웃으며 물었다. "미스 파라 포셋, 이 옷을 제가 팔아도 될까요?" "당연하지. 그건 네 옷이야. 팔고 안 팔고는 네 자유야." 아이는 "와!"하고 외쳤다. 이후 그는 "파라 포셋이 친필 사인한 티셔츠를 200달러에 판다"고 알렸다. 치열한 경쟁 끝에 한 석유상이 그 옷을 1,200달러라는 비싼 값을 치르고 사갔다.

아버지와 온 가족은 기뻐 어쩔 줄 몰라 했다. 아버지는 감동의 눈물을 흘리며 말했다. "아들아, 사실 난 네가 그 옷을 못 팔면 다른 사람에게 2달러에 팔 생각이었단다. 네가 정말로 해낼 줄 몰랐다. 아들아, 정말 대단하구나."

그날 밤, 아버지와 아들은 한 침대에 누웠다. 아버지가 물었다. "아들아, 옷을 팔면서 깨달은 것이 무엇이었니?" "아버지가 제게 큰 가르침 주신 것을 깨달았어요. 머리를 써서 지혜를 얻으면 방법은 얼마든지 있다는 사실을 알았어요." 아버지는 고개를 끄덕이며 "네 말이 맞다. 하지만 내가 네게 알려주고 싶은 것은 그게 아니야. 1달러 가치도 안 되는 보잘 것 없는 헌 옷도 지혜를 사용하면 가치가 높아질 수 있는데 우리와 같이 살아있는 사람은 어떠하겠니? 우리 흑인들이 믿음과 희망을 버리고 살 이유가 전혀 없단다. 우리는 그저 조금 까맣고 가난할 뿐이야!"

그 후, 소년은 결심했다. '쓰레기로 버리려던 옷도 가치가 높아질 수 있는데 내가 흑인이라고 나를 업신여길 이유가 전혀 없다!' 그는 열심히 공부하고 운동하며 자기를 훈련하기 시작했다. 20년이 지났다. 그 소년의 이름은 전 세계 구석구석에까지 알려지게 되었다. 그가 바로 농구 황제 마이클 조던이다. 조던은 아버지를 통해서 지혜를 얻었다.

이 이야기를 통해 무엇을 배울 수 있는가?

첫째, 버려진 쓰레기를 가치 있게 만드는 지혜다. 조던은 지

마이클 조던

혜를 써서 쓰레기와 같은 옷을 1,200달러 가치의 제품으로 만들었다. 조던이 깨달은 것은 물질에 대한 지혜였다. 둘째, 비천한 자신을 가치 있는 존재로 만드는 지혜다. 사람에게는 물질과 육체에 대한 지혜뿐 아니라 더 이상이 필요하다. 자신에 대한 가치를 올바로 바라보는 것이야말로 참된 지혜다. 셋째, 하늘에 속한 영적 지혜. 사실 이것이 정말 필요하다.

> "미련한 자를 낳는 자는 근심을 당하나니 미련한 자의 아비는 낙이 없느니라."(잠 17:21)

하나님은 사람을 지으시고 탄식하셨다. 또한 성령님도 말할 수 없이 탄식하셨다. 왜 탄식하시는가? 가난과 질병 때문이 아니다. 사람들이 하늘 지혜를 모르고 미련하게 사는 것을 탄식하시는 것이다.

1. 하나님이 미련한 사람을 보고 근심하시는 이유가 무엇인가?

1) 미련한 자는 폼만 잡고 내용 없이 살기 때문이다

> "미련한 자들은 등을 가지되 기름을 가지지 아니하고"(마 25:3)

등은 그릇과 형식, 외모를 뜻한다. 기름은 내용과 핵심, 생명을 의미한다. 미련한 자는 껍데기만 있고 폼은 잡지만 그 안에 생명이 없다. 돈을 벌어도 미련하면 외모만 치장하고 생명에는 관심이 없다. 미련하면 공부해서 형식과 절차는 알더라도 핵심은 놓친다. 그래서 '허당 인생'이 될 수밖에 없다. 허무한 삶을 살게 되면 무엇을 해도 되지 않는다.

2) 미련한 자는 죄악의 습관 때문에 고난 당한다

"미련한 자들은 그들의 죄악의 길을 따르고 그들의 악을 범하기 때문에 고난을 받아"(시 107:17)

사람이 미련하면 계속 고난 당해도 왜 그런 일이 계속 발생하는지 모른다. 악한 습관과 죄 때문에 계속 시련과 고난이 오며 연단을 당하지만 깨닫지 못한다. 그것을 깨닫고 끊는 것이 지혜다.

3) 미련한 자는 입술로 분쟁과 매를 불러온다

"미련한 자의 입술은 다툼을 일으키고 그의 입은 매를 자청하느니라."
(잠 18:6)

말로 천 냥 빚을 갚는 사람이 있는 반면에 미련한 사람은 말로 문제를 만들고 다툼을 일으킨다. 왜 입으로 분쟁과 고통을 불러오는가? 상대를 생각하지 않는 나 중심의 말만 하기 때문이다.

4) 미련한 자는 자기만 옳다고, 잘났다고, 잘한다고 말한다

"미련한 자는 자기 행위를 바른 줄로 여기나 지혜로운 자는 권고를 듣느니라."(잠 12:15)

미련한 사람의 공통적인 특징은 귀와 마음을 닫고 산다는 것이다. 그들은 자신만 옳고 다른 사람은 틀리다고 비판한다. 그들에게는 배우려는 겸손한 마음이 없다. 그러다 막상 일을 시키면 엉망진창으로 한다.

5) 미련한 자는 잘 되는 일도 망가지고 틀어지게 만든다

"미련한 자에게는 영예가 적당하지 아니하니 마치 여름에 눈 오는 것과 추수 때에 비 오는 것 같으니라."(잠 26:1)

여름에 눈 오면 피었던 꽃과 열매가 얼어버린다. 추수 때 비가 오면 추수한 곡식이 썩거나 싹이 나서 망가진다. 일 년 동안 공들여 수고한 모든 것을 한방에 날려버리는 게 미련한 자의 특징이다. 그러므로 미련함을 내버려야 한다.

6) 미련한 자는 안 되는 일만 골라서 계속 반복한다

"개가 그 토한 것을 도로 먹는 것 같이 미련한 자는 그 미련한 것을 거듭 행하느니라."(잠 26:11)

반복하고 또 반복하는 열심이 중요한 것이 아니다. 안 되는 일만 골라서 계속 반복하지 말고 지혜로 깨달아서 버릴 것은 버려야 한다.

7) 미련한 자는 갈등을 일으켜서 분쟁하게 만든다

"다툼을 멀리 하는 것이 사람에게 영광이거늘 미련한 자마다 다툼을 일으키느니라."(잠 20:3)

지혜로운 사람은 원수 같은 사람도 가까이 두고 협력자가 되게 만든다. 그러나 미련한 자는 가족과 친구 등 가까운 사람과도 갈등을 야기해 그들을 원수로 만든다. 미련함을 버리고 하늘의 지혜를 받아 풍성한 삶을 살아야 하는데 그 방법이 무엇일까?

"자기의 마음을 믿는 자는 미련한 자요 지혜롭게 행하는 자는 구원을 얻을 자니라."(잠 28:26)

무엇보다 교만함을 버리고 회개해야 한다. 내게 지혜가 없고 의

로움도 없다는 사실을 인정하고 회개의 자리에 나가야 한다.

"하나님의 어리석음이 사람보다 지혜롭고 하나님의 약하심이 사람보다
강하니라."(고전 1:25)

하나님의 지혜가 완전한 것을 인정하고 믿어 받아들여야 한다. 높은 산에 오르거나 비행기를 타면 시야가 열려 땅에서는 보이지 않던 것들이 한 눈에 다 들어온다. 여호와는 천지만물을 지은 전지전능한 하나님이시다. 그분은 능치 못하는 것도, 모르는 것도 없으시다. 그러므로 겸손히 하나님의 지혜를 구해야 한다.

솔로몬 왕을 묘사한 그림

어느 날, 하나님이 솔로몬에게 "네가 무엇을 구하느냐?"고 물으셨다. 솔로몬은 백성을 잘 다스리는 지혜를 달라고 했다. 하나님은 "부도, 건강도, 명예도 구하지 않고 지혜를 구했으니 이 모든 것을 너에게 더해 주겠다"고 하셨다. 지혜를 구하는 것이 하나님 마음에 합당했던 것이다. 그래서 솔로몬은 전무후무한 부와 영광, 권세를 받았다. 그런데 문제

가 생겼다. 솔로몬이 모든 것을 갖고 누려보았지만 육신의 지혜로는 인생 문제가 해결되지 않는 것이었다. 그래서 그는 "헛되고 헛되니 모든 것이 헛되다"고 고백했다. 그는 이 세상에서의 부귀영화는 헛되기에 영원한 하늘의 지혜가 필요하다는 사실을 깨달았다.

"일의 결국을 다 들었으니 하나님을 경외하고 그의 명령들을 지킬지어다 이것이 모든 사람의 본분이니라."(전 12:13)

모든 것을 가져 본 솔로몬이 고백한 '인간의 본분'이 이 구절에 있다. 이 세상 모든 것은 사라진다. 그러므로 헛되고 헛된 것을 구하지 말고 완전하고 영원한 지혜를 받아서 살아야 한다.

"하나님의 지혜에 있어서는 이 세상이 자기 지혜로 하나님을 알지 못하므로 하나님께서 전도의 미련한 것으로 믿는 자들을 구원하시기를 기뻐하셨도다 유대인은 표적을 구하고 헬라인은 지혜를 찾으나 우리는 십자가에 못 박힌 그리스도를 전하니 유대인에게는 거리끼는 것이요 이방인에게는 미련한 것이로되 오직 부르심을 받은 자들에게는 유대인이나 헬라인이나 그리스도는 하나님의 능력이요 하나님의 지혜니라."
(고전 1:21~24)

결론은 인간의 지혜, 세상의 지혜로는 하나님을 결코 알 수 없다는 것이다. 그래서 하나님은 이 세상에 직접 자신의 지혜이신 주 예수 그리스도를 내려 보내주셨다.

2. 예수님의 십자가와 부활은 하나님의 지혜요 능력이다

1) 공의와 사랑을 동시에 성취하신 지혜 중의 지혜다

"우리가 아직 죄인 되었을 때에 그리스도께서 우리를 위하여 죽으심으로 하나님께서 우리에 대한 자기의 사랑을 확증하셨느니라."(롬 5:8)

이것이 바로 십자가다. 하나님의 지혜가 십자가 사랑을 통해 나타났다. 율법대로 집행하는 하나님의 공의와 죄인을 용서하는 하나님의 사랑이 십자가에서 하나로 융합되어 인간의 죄와 구원 문제가 완벽하게 해결될 수 있었다. 따라서 십자가가 지혜이며 능력이다.

2) 인간이 할 수 없어 하나님이 은혜로 거저 주시는 구원이다

"기록된바 의인은 없나니 하나도 없으며 깨닫는 지도 없고 하나님을 찾는 자도 없고 다 치우쳐 함께 무익하게 되고 선을 행하는 자는 없나니 하나도 없도다."(롬 3:10~12)

인간은 모두 죄인이기에 거룩하신 하나님을 만날 수 없다. 죄인인 인간들은 돈과 세상 쾌락을 좇으며 하나님을 찾지도 않는다. 인간은 정말 미련하며 소망이 없는 존재다. 그래서 하나님이 직접 찾아오셔서 죄를 사해주고 믿는 자들에게 구원을 아무런 대가없이 선물로 주시기로 작정하셨다. 하나님의 지혜가 은혜로 나타났다. 이것은 인간 구원을 위한 하나님의 묘수풀이로 지혜 중의 지혜였다.

> 하나님의 공의와 죄인을 용서하는 하나님의 사랑이 십자가에서 하나로 융합되어 인간의 죄와 구원 문제가 완벽하게 해결될 수 있었다.

3) 죄와 마귀, 죽음을 이길 수 있는 예수 생명을 주시는 지혜다

"이는 그리스도께서 죽은 자 가운데서 살아나셨으매 다시 죽지 아니하시고 사망이 다시 그를 주장하지 못할 줄을 앎이로라."(롬 6:9)

하나님은 죄를 사해 주신 것만이 아니라 죽음을 이기는 영원한 생명을 주셨다. 그것은 하나님의 생명으로 그분의 지혜가 십자가와 부활로 나타났다.

4) 예수님을 구원자, 주인, 왕으로 우리에게 보내신 것이야말로 완벽한 지혜다

만일 하나님이 독생자 예수님을 통해 죄 사함과 구원을 주신 후,

제사장들

"이제부터는 너희가 알아서 살라"며 우리를 고아처럼 버려두셨더라면 우리는 다시금 마귀의 시험을 받아 타락했을 것이 분명하다. 그만큼 인간은 연약한 존재다. 그래서 예수님은 우리를 고아와 과부처럼 버려두지 않고 보혜사 성령님을 통해 내 안에 주인과 왕으로 오셔서 영원토록 나를 지키며 다스려주신다. 하나님의 지혜가 '나의 구세주 예수', '나의 주인 예수', '나의 왕 예수'로 내 안에 임한 것이다.

구약에서 메시아는 제사장과 선지자, 왕이라는 삼중직을 지니고 있다.

제사장으로서 메시아는 말한다. "네가 율법을 통해 죄인인 것을 깨닫고 회개하라. 어린양 예수의 피를 믿어 죄 사함 받고 하나님의 사랑받는 자녀가 되라!"

선지자로서 메시아는 말한다. "네가 하나님의 지너가 되었다면 주님 말씀에 순종해 거룩하고 복 받는 하나님 나라를 이루면서 살라!"

왕으로서 메시아는 말한다. "네가 예수를 구주로 믿는다면 이제부터는 예수를 주인과 왕으로 영접하고 인생의 모든 것을 주님께 맡기며 주님의 지혜로 풍성하고 번성하는 삶을 살아라!"

예수님을 구주로 영접해 영생을 얻고, 예수님을 주인으로 영접해 모든 것을 맡기고 헌신하며 살고, 예수님을 왕으로 영접해 순종함으로 풍성히 번성하고 승리하며 사는 것이 지혜 중의 지혜인 것을 믿어야 한다. 미련함을 버리고 영원하고 놀라운 하늘의 지혜를 갖고 살자!

08

거머리처럼
살지 마라

"거머리에게는 두 딸이 있어
다오 다오 하느니라
족한 줄을 알지 못하여
족하다 하지 아니하는 것 서넛이 있나니"
(잠 30:15)

잠언에 대한 몇 가지 입장이 있다. 그 가운데 하나는 잠언이 하나님의 말씀이 아니라 옛 교훈들을 편집한 인간의 작품이라고 주장하는 이론이다. 이는 자유주의나 진보주의 신학자들이 말하는 '편집설'에 따른 것이다. 이들은 성경에는 하나님의 말씀이 아닌 부분이 있어 그것을 골라내야 하는데 잠언도 편집된 인간의 작품이라고 주장한다. 그래서 목회자들에게 "잠언으로 설교하지 말라"고 한다. 이는 이단보다 더 악한 사상이라 할 수 있다.

또한 잠언을 하나님의 말씀이긴 하지만 온전한 복음이 아닌, 삶에 도움이 되는 교훈 정도로 생각하는 사람들도 있다. 과거에 루터가 야고보서를 믿음보다 행함을 강조하고 복음을 말하지 않고 있다며 '지푸라기 서신'이라고 평가절하한 것과 비슷하다. 물론 명백히 루터는 야고보서를 잘못 이해했다. 루터는 후에 잘못을 깨닫고 크게 회개하며 야고보서에 대한 시각을 교정했다.

잠언은 구원받은 성도의 삶을 가르치는 중요한 말씀이다. 나는 최근에 하나님의 은혜로 잠언이 놀라운 복음의 비밀을 담고 있는 소중한 말씀이라는 사실을 깨달았다. 잠언은 줄곧 "지혜를 얻으라"고 말한다. 잠언이 말하는 지혜는 보통 지혜가 아니다.

"그가 하늘을 지으시며 궁창을 해면에 두르실 때에 내가 거기 있었고 그가 위로 구름 하늘을 견고하게 하시며 바다의 샘들을 힘 있게 하시며 바다의 한계를 정하여 물이 명령을 거스르지 못하게 하시며 또 땅의 기초를 정하실 때에 내가 그 곁에 있어서 창조자가 되어 날마다 그의 기뻐하신 바가 되었으며 항상 그 앞에서 즐거워하였으며"

(잠 8:27~30)

지혜가 인격이다. 그 지혜가 하나님이 천지를 창조하실 때 곁에 계셨다. 잠언은 "지혜가 창조자가 되었다"고 말한다. 지혜란 누구인가? 예수님이시다. 잠언은 지혜이신 예수님을 가르쳐주는 복음이다. 그러므로 잠언을 잘 듣고 읽어야 한다. 단순한 처세술을 가르쳐주는 차원이 아니라 그 속에서 예수님의 복음을 발견해야 한다.

"구약은 율법이고 신약은 은혜다"라는 말은 맞는가? 틀린 말이다. 구약도 '은혜로 구원 받는다'는 것을 율법과 예언을 통해서 가르쳐주기 때문이다. 넓게 말하면 구약도 예언과 예표를 통해 예수님에 대해 가르쳐주는 영생의 말씀이다. 잠언은 구약 중에서 만왕의 왕이신 예수님이 주신 '구약의 복음'이다. 이것을 바로 잘 깨달아야 한다.

이렇게 성경을 바로 보면 어디를 읽더라도 예수님을 바로 믿어 영생을 얻게 된다. 잠언을 처세술을 위한 책이 아니라 '왕의 복음'으로 읽어야 한다. 잠언의 내용을 믿어 생명을 더욱 풍성히 얻기 바란다.

그러면 복음이 무엇이며 구원은 무엇인가?

애굽의 노예생활에서 해방되어 출애굽 하는 것이 구원인가? 아니면 가나안 땅에 들어가는 것이 구원인가? 온전한 구원을 위해 두 개가 합쳐져야 한다. 애굽의 노예 상태에서 해방되는 것은 구원의 시작이며 가나안에 들어가는 것은 구원의 완성이다. 구원에는 반드시 두 가지가 필요하다. '…로 부터의 구원'과 '…를 향하는 구원'이다. 우리의 구원은 확실히 죄와 멸망으로부터의 구원이다. 그러나 거기서 끝나면 안 된다. 하나님 나라로 가는 구원을 이뤄야 한다.

복음은 무엇인가? 복음은 계속 십자가만 말하는 것인가?

"그러므로 우리가 그리스도의 도의 초보를 버리고 죽은 행실을 회개함과 하나님께 대한 신앙과 세례들과 안수와 죽은 자의 부활과 영원한 심판에 관한 교훈의 터를 다시 닦지 말고 완전한 데로 나아갈지니라."(히 6:1~2)

'그리스도의 도'가 복음인데도 히브리서 저자는 "그리스도의 도의 초보를 버리라"고 했다. 복음의 초보란 무언가? 죽은 행실을 회개함, 하나님에 대한 신앙, 세례와 안수, 부활과 심판에 대한 내용들이다. 물론 너무나 중요한 내용들이다. 그런데 사람들은 계속 이것만 강조하며 이것만 이루어지면 복음을 완성하는 것으로 생각한다. 아니다! 성경은 "더 온전하고 성숙한 복음으로 가라"고 말한다.

"때가 오래 되었으므로 너희가 마땅히 선생이 되었을 터인데 너희가 다시 하나님의 말씀의 초보에 대하여 누구에게서 가르침을 받아야 할 처지이니 단단한 음식은 못 먹고 젖이나 먹어야 할 자가 되었도다."
(히 5:12)

예수님을 구원자로만 믿는 것이 바로 초보 신앙이다. 예수님을 인생의 주인으로 믿으며 그분께 온전히 드리며 헌신해야 한다. 그것이 성숙한 신앙인의 자세다.

"그러므로 형제들아 내가 하나님의 모든 자비하심으로 너희를 권하노니 너희 몸을 하나님이 기뻐하시는 거룩한 산 제물로 드리라 이는 너희가 드릴 영적 예배니라."(롬 12:1)

우리 몸을 거룩한 산 제물로 드리는 단계까지 나가야 한다. 우리는 예수님을 만왕의 왕으로 믿고 순종하며 주님의 사명을 이루며 살아야 한다. 잠언은 하나님 나라의 왕을 예표하는 솔로몬 왕이 그의 자녀인 왕자들에게 교훈하는 형식으로 쓰인 하나님의 말씀이다. 바로 구원받았을 때, 하나님 나라의 왕자와 공주로 거듭난 우리들을 가르치기 위한 것이다. 하나님이 잠언을 우리에게 주신 것은 그분이 인간을 만들 때 본래 디자인한 사랑과 기쁨, 왕권, 번성, 부요가 회복되어 하나님의 복을 풍성히 누리며 나눠주는 '복의 근원'으로 살게 하기 위함이다.

그러므로 우리는 잠언을 통해 왕이신 예수님을 만나야 한다. 예수님은 나의 구세주이시다. 또한 예수님은 나의 주인이며 나의 왕이시다. 할렐루야!

"거머리에게는 두 딸이 있어 다오 다오 하느니라 족한 줄을 알지 못하여 족하다 하지 아니하는 것 서넛이 있나니"(잠 30:15)

이것은 무슨 말인가? 도대체 거머리가 성경에 왜 나오는가? 그것은 하나님 자녀들에게 남의 피를 빨아 먹고도 배부른 줄, 감사할 줄 모르는 거머리 같은 존재가 되지 말아야 한다는 점을 알려주기 위함이다. 그러면 이 말씀이 어떻게 복음과 예수님으로 연결되는가? 우리는 어떻게 이것을 묵상하며 기도의 제목으로 삼아야 하는가?

1. 거머리가 거머리를 낳듯 출생이 앞으로의 신분을 결정한다

남의 피를 빨아 먹으며 사는 거머리는 자기만 알고, 자기만 위해 사는, 세상과 육신의 정욕에 속한 사람을 상징한다. 거머리와 같은 이들은 자기만족이 가장 중요하다. 그들은 자기 배만 위해 사는 부류다.

"기록된 바 의인은 없나니 하나도 없으며 깨닫는 자도 없고 하나님을 찾는 자도 없고 다 치우쳐 함께 무익하게 되고 선을 행하는 자는 없나니 하나도 없도다 그들의 목구멍은 열린 무덤이요 그 혀로는 속임을 일삼으며 그 입술에는 독사의 독이 있고 그 입에는 저주와 악독이 가득하고 그 발은 피 흘리는 데 빠른지라."(롬 3:10~15)

앞에 언급된 사람들은 뼛속 깊은 죄인으로 혈과 육에 속해 살다 영원히 멸망당할 자들이다. 이것이 거듭나기 전의 불신자의 모습이다. 그런데 회개하고 예수를 영접하면 어떻게 되는가? 하나님의 자녀로 거듭 태어난다. 누구에게서 태어나는가? 하나님께로부터 난 자가 되는 것이다. 물과 성령으로 거듭나게 된다. 출생이 달라졌다! 이제는 거머리로 출생한 것이 아니라 하나님의 자녀요, 복의 근원으로 태어난 것이다. 육으로 난 자는 육이요, 하나님의 성령으로 거듭난 자는 그 속에 영원한 생명이 있는 하나님의 자녀. 당신은 육으로 난 자인가, 아니면 성령으로 거듭난 자인가? 당신은 거머리인가, 복의 근원인가? 출생이 달라졌는가? 그렇다. 나의 출신성분이 달라졌다. 이제 나는 더 이상 거머리와 같은 존재가 아니라 하나님의 자녀요, 복의 근원이 되었다. 이 글을 읽는 독자들은 반드시 자신들의 출생을 확인해야 한다.

'나는 예수님을 나의 구세주로 영접해 믿음으로 하나님의 자녀로 거듭났는가? 이 확신을 갖고 살고 있는가?' 믿는 자들에게 이것 보다 더 중요한 질문이 있을 수 없다.

2. '다고다고'하는 것은 거머리의 두드러진 특징이다

새번역 성경에는 이렇게 쉽게 기록되어 있다.

"거머리에게는 '달라, 달라'하며 보채는 딸이 둘이 있다. 전혀 배부른 줄 모르는 것이 셋, 만족할 줄 모르는 것 넷이 있으니"(잠 30:15)

'다고다고'는 '달라고 달라고' 보채는 말이다. 당신은 하나님 자녀로 거듭났는가? 그렇다면 계속 하나님께 달라고만 해야 하는가? 그렇지 않다. 오히려 "하나님, 나를 드립니다. 나를 당신 뜻대로 써주소서"라고 해야 한다. 그런데 우리 기도를 자세히 살펴보면 대부분이 "주시옵소서"로 끝난다. "받으시옵소서"나 "베풀기 원합니다"는 기도는 아주 적다. 믿기는 하지만 여전히 어린애 같이 미성숙한 신앙의 초보 단계에 머물고 있는 사람들이 많은 것이 현실이다.

말로는 "거듭났다"고 하지만 "전도하고 선교하자"라고 하면 부담을 느끼며 움츠려든다. "제발 조용히 믿게 해 달라"고 말한다. 그런데 복음을 제대로 받은 사람이 어떻게 조용히 믿을 수 있는가? 그게 복음을 받은 자의 태도일 수 있는가? 나만 잘 먹고 잘 살라는 것이 내게 은혜를 주신 하나님의 뜻일까? 옆 사람은 멸망당하는데 나는 아무 것도 하지 않고 있는 것이 하나님이 뜻이냐는 질문이다. 나만 예수 믿어 이 땅에서 이기적으로 나만 잘 살고, 죽어서도 영원한 천국에 나만 가는 것이 하나님의 뜻은 아닐 것이다.

불신자들은 하나님을 믿어 은혜와 복을 받았다고 고백하는 크리스천들이 이 땅 가난한 사람들의 고통은 외면하며 아직 예수를 몰라 믿지 못해 멸망의 길로 가는 사람들에게 복음을 전해줄 만큼 사랑이 없다는 점을 비판한다.

성경은 우리가 복의 근원이 되었다고 말한다. 복을 흘려보내 다른 사람들도 복 받게 하라고 강조한다. 은혜와 복을 받고도 기뻐할 줄도, 감사할 줄도, 헌신할 줄도 모르는 사람이 바로 거머리와 같은 사람이다. 하나님 자녀라면 결코 그렇게 살 수 없다. 거머리는 자기만을 위해 남의 생명과 에너지를 빼앗아 간다. 그러나 우리 크리스천들은 복의 근원으로 생명과 에너지, 복을 흘러보내주며 사는 존재들이다.

3. 거머리처럼 살면 두 배의 거머리가 생겨서 당신의 피를 빨아먹게 될 것이다

잠언은 "거머리에게는 두 딸이 있다"고 했다. 우리가 거머리로 살면 얼마 후에 두 딸처럼 두 배의 거머리가 나타나 우리의 피를 빨아먹을 것이라는 말이다. 자녀는 유전적으로 부모를 닮는다. 내가 거머리라면 내 자녀 역시 내 행동을 그대로 배워 거머리가 될 가능성이 높다. 그러면 거미리가 두 배로 늘어난다. 예로부터 딸은 '허가받은 도둑'이라고 했다. 예나 지금이나 딸이 달라고 하면 안 줄 수가 없다. 내가 베풀고 드리며 나누는 삶을 살지 않고 나 중심적으로만 산다면 반드시 그의 피를 빨아먹는 존재가 두 배로 늘어난다는 것을 알리는 경고다.

거머리의 두 딸은 누구인가? 사고, 질병, 근심을 끼치는 자녀, 나를 비난하는 주변 사람들, 재난, 강도, 걱정, 근심 등이다. 오직 나만 위해 인색하게 살기로 작정하면 그만큼 잘 살아야 하지만 결코 잘 살지 못한다. 그런 인생들은 행복할 수 없다. 다른 사람을 괴롭히고, 이용하며, 사기치고, 피를 빨아먹으면 행복해야 하지만 결코 그렇지 않다.

"흩어 구제하여도 더욱 부하게 되는 일이 있나니 과도히 아껴도 가난하게 될 뿐이니라."(잠 11:24)

성경은 "과도히 아껴도 더욱 가난하게 될 뿐이니라"고 경고한다. 하나님 자녀답게 과감하게 드리고 나눠주며 넘치는 은혜로 살아야 한다.

4. 구세주요 주인이며 왕이신 예수님을 영접해서 헌신하고 베풀며 살자

예수님은 나의 구세주요 나의 주인이며 나의 왕이다. 내가 가진 것은 모두 다 주님이 잠시 맡겨주신 것이다. 주님 뜻대로 잘 사용하라고, 생명 살리는 일에 사용하라고, 복음 전하는 데 사용하라고 주신 것이다. 그러므로 감사와 기쁨, 나눔이 없는 '거머리 신자'가 되지 말자!

어떤 사람이 거머리처럼 다른 사람의 피를 빨아먹으면서 악랄하고 인색하게 살았다. 나중에 그에게서 태어난 두 딸은 더 지독한 거머리가 되어 부모의 등골을 모두 빼먹었다는 이야기가 솔로몬 왕 당시에 실제로 구전으로 전해졌다고 한다. 하나님은 그런 실례를 들면서 믿음의 자녀들에게 영적인 교훈을 주셨다.

거머리는 제 손으로 하는 일이 아무것도 없다. 누군가가 도와주기만을 바라며 다른 사람들을 이용하려고만 한다. 예수를 주인으로 모시고 믿음으로 산다면 이런 거머리 같은 신자가 되지 말고 열심히 일해서 남을 도와주는 자가 되어야 한다. 그저 어린아이처럼 달라고만 하지 말고 하나님의 영광을 위해 헌신해야 한다. 그런 자들에게 하늘의 복이 임한다. 이것이 잠언이 주는 교훈이다.

1880년대 미국 메릴랜드에서 각 가정마다 방문해 물건을 팔아 생계를 유지하는 가난한 청년이 있었다. 그는 매일 온종일 방문 판매를 다니기 때문에 저녁에는 거의 쓰러질 정도가 된다. 어느 날 저녁에도 일을 다니다 허기가 졌지만 수중엔 10센트 동전 하나밖에 없었다. 그 돈으로는 뭘 사먹을 수 없었다. '다음 집에 가면 먹을 것을 달라고 해야지'라고 생각하며 어느 집 현관문을 두드리자 한 소녀가 나왔다. 부끄럼 많은 청년은 차마 배고프다는 말은 못 하고 물 한 잔을 달라고 했다. 그런데 소녀는 그 청년이 배가 고픈 것을 알고 큰 컵에 가득 우유를 담아 왔다. 젊은이는 그 우유를 단숨에 마시자 온몸에서 힘이 솟는 듯 했다. 청년이 "우유 값으로 얼마를 드리면 될까요?"라고 묻자 소녀는 "우리 엄마는 남에게 친절을 베풀면서 돈을 받지 말라고 하셨어요."라고 답했다. 청년은 그 말에 큰 감동을 받았다. 청년은 그동안 학비를 마련하기 힘들어 공부를 포기하려 했지만 그날의 우유 한잔이 어떤 어려움도 헤쳐 나갈 수 있다는 큰 감동과 자신감을 주었다.

10년 후, 어른이 된 소녀는 큰 병에 걸렸다. 그 도시의 병원에서는 고칠 수 없는 중한 병이었기에 큰 도시에서 전문의를 모셔 와야 했다. 그런데 전문의로 모셔 온 하워드 켈리라는 이름의 의사는 소녀에게 우유를 얻어 마셨던 바로 그 청년이었다. 켈리 박사는 단번에 그 소녀를 알아보았다. 그는 모든 정성과 의료 기술을 동원해 그녀를 치료했다. 그녀는 켈리 박사의 정성 어린 치료 덕분에 극적으로 건강을 되찾았다. 죽음의 문턱에서 살아난 여인은 퇴원을 위해 진료비 청구서를 받았다. 그녀는 치료비용이 엄청날 것을 걱정하며 청구서를 보았다. 놀랍게도 청구서에는 이렇게 적혀있었다. '우유 한 잔으로 다 지불되었음!' 그 청년이 바로 존스 홉킨스 병원을 설립한 하워드 켈리 박사였다.

이 이야기를 듣고 깨닫는 바가 있을 것이다. 우리 모두 아낌없이 주는 자가 되기 바란다. 꼭 재정만 주는 것이 아니다. 돈이 없다면 넘치는 격려와 응원을 줄 수 있다. 크리스천은 반드시 복의 근원이 되어야 한다. 우리는 복의 근원으로 퍼주고 나눠줘야 한다. 위로를 주고, 세워 주고, 품어 주고, 치유해 주고, 섬김을 주고, 감동을 주는 멋진 크리스천이 되자. 지금 이 질문에 정직하게 답을 해 보시라. "당신은 복의 근원인가, 아니면 거머리인가?"

09

제일
소중한 것은
반드시 지켜라

"모든 지킬 만한 것 중에 더욱 네 마음을 지키라
생명의 근원이 이에서 남이니라."

(잠 4:23)

하나님은 모든 사람에게 가장 귀한 만능열쇠를 주셨다. 그 열쇠란 마음을 지키는 것이다. 건강하고 행복한 신앙생활을 하려 할 때 가장 중요한 것이 바로 그 마음을 지키는 열쇠다.

"무릇 지킬 만한 것보다 더욱 네 마음을 지키라 생명의 근원이 이에서 남이니라."(잠 4:23)

잠언은 무엇보다 마음을 최우선적으로 지키라고 했다. 마음을 지키는 것이 왜 중요한가? 가장 무서운 전쟁터가 마음이라는 전장이다. 가장 무섭고 살벌한 전쟁이 마음에서 일어난다. 이 전쟁에서 지면 나 하나 망하고 죽는 것 뿐 아니라 온 가족과 이웃을 파멸시킬 수 있다. 수만, 수천만 명을 죽일 수도 있다. 때론 세계대전을 일으켜 인류를 몰살시킬 수도 있다. 마음에서 일어나는 전쟁은 그만큼 무섭다. 그러기에 마음을 지켜야 하는 것이다.

응급실 의사가 마음에 상처를 입고 술 취한 가운데 병원을 찾은 아기에게 보통의 백배나 강한 약을 투입하여, 아이를 위험에 빠트릴 수도 있다. 어떤 사람은 술에 취해 반대편 차선으로 역주행하여, 자신은 물론 많은 사람을 죽게 한다. 남편에게 이상한 약을 먹여 잠자게 한 가운데 죽여 난도질해 곳곳에 버린 혐의를 받는 여성 이야기가 한국 뉴스에 나오는 모습을 본다. 정말 과거에는 상상할 수 없는 일들이 여기저기서 일어나고 있다. 그 이유가 무엇인가? 마음을 지키지 못해서, 마음이 병들어서 그렇다. 모두가 마음에서 일어나는 전쟁에서 패했기 때문이다.

성경은 "무릇 지킬만한 것보다 더욱 네 마음을 지키라 생명의 근원이 이에서 남이니라"고 말한다. 정말 그렇다. 마음에서 생명이 나온다. 생명 뿐 아니라 건강, 행복, 성공이 마음에서 나온다.

"마음의 즐거움은 양약이라도 심령의 근심은 뼈로 마르게 하느니라."
(잠 17:22)

몸이 병들었나? 마음을 지켜 새롭게 하는 것이 치유의 열쇠다. 가정에 문제가 생겼나? 마음을 지키는 것이 해결의 열쇠다. 인생의 크고 중요한 일을 앞두고 있나? 말씀과 기도가 잘 안 되나? 마음을 지키는 것이 은혜 받는 열쇠다. 하나님께 귀하게 쓰이기 원하나? 중심을 보시는 하나님 앞에 마음을 지키는 것이 중요하다. 하나님 잘 믿어 은혜와 복을 받기 원하나? 마음과 정성, 힘을 다해 하나님을 섬겨야 한다.

"내가 네게 명령한 것이 아니냐 강하고 담대하라 두려워하지 말며 놀라지 말라 네가 어디로 가든지 네 하나님 여호와가 너와 함께 하느니라 하시니라."(수 1:9)

여호수아에게 열 번 이상 "마음을 강하게 하라. 담대하라. 두려워하지 말라"고 말씀하셨다. 이렇듯 마음을 지키는 것이 중요하다. 예수님은 산상 설교에서 무엇보다 마음의 중요성을 강조하셨다. 마음이 가난한 자, 마음이 온유한 자, 마음이 청결한 자가 복이 있다고 하셨다.

이렇게 마음을 지키라고 강조하는 이유는 마음은 쉽게 상처받을 수 있기 때문이다. 자기 마음이 무쇠인 줄 착각하는 사람들이 많다. 그런데 눈빛 하나에도, 자존심 건드리는 말 한마디에도 상처받고 뿌리부터 흔들리는 게 바로 마음이다. 난치병이나 만성병 환자들 대부분은 상한 마음을 갖고 있다. 몸의 병만이 아니라 우울증, 불면증, 분노조절장애, 강박증, 공황장애, 중독 등도 상처받은 마음 때문에 생기는 것이다. 심하면 악한 귀신이 그 사람을 지배하기도 한다. 그래서 성경은 말한다. "모든 지킬 만한 것 중에 더욱 네 마음을 지키라 생명의 근원이 이에서 남이니라." 우리 마음은 성령이 거하시는 성전이며 밭이다.

몸이 병들었나? 마음을 지켜 새롭게 하는 것이 치유의 열쇠다. 가정에 문제가 생겼나? 마음을 지키는 것이 해결의 열쇠다.

"좋은 땅에 있다는 것은 착하고 좋은 마음으로 말씀을 듣고 지키어 인내로 결실하는 자니라."(눅 8:15)

하나님 말씀은 씨앗이고 밭은 마음이다. 좋은 땅은 착하고 선한 마음으로 말씀을 듣고 지키며 인내해서 결실하는 자다. 왜 같은 하나님 말씀을 듣는데 어떤 사람은 30배, 60배, 100배의 열매를 맺고 번성하는가? 열쇠는 마음이다. 착한 마음, 좋은 마음으로 말씀을 들고 받기 때문에 그렇게 결실을 맺는다. 영적으로 번성하는 비결은 마음을 옥토처럼 좋게 지키는 것이다.

"너희가 하나님의 성전인 것과 하나님의 성령이 너희 안에 계시는 것을 알지 못하느뇨."(고전 3:16)

마음은 하나님이 거하시는 성전이다. 하나님의 성령이 내 마음 속에 오셔서 나를 다스리신다. 나를 통해 하나님의 통치를 세상에 나타내신다. 그러므로 내 마음은 성령이 거하시는 성전이요 하나님이 다스리는 하나님의 나라다. 우리가 회개하고 예수를 영접해서 죄 사함을 받으면 성령이 내 마음속에 오신다. 성령은 예수님이 십자가에서 완성하신 구원을 내게 적용시켜 내 인생 가운데 효과가 발생하게 해주신다. 그분이 나를 지키시고 다스려 주시면서 내 안에 하나님의 나라인 천국이 이루어지는 것이다. 이 진리를 깨닫고 마음을 지키면 나는 약해도 내 안에 계신 하나님이 강하고 전능하신 능력으로 나를 들어 써주신다. 그러므로 어떤 상황 속에서도 하나님이 주신 약속과 비전이 내게 이뤄지기를 기대하고 믿는 마음을 가져야 한다. 그래야 하나님이 나를 형통하고 번성하게 해주신다. 그러면 어떻게 마음을 지킬 수 있는가?

> 진리이신 하나님의 말씀에는 능력이 있다. 하나님의 구원계획을 깨닫게 해주고 믿음으로 영접해 하나님의 사랑을 체험하게 해준다.

1. 진리를 알고 자유를 얻어야 한다

"진리를 알지니 진리가 너희를 자유롭게 하리라."(요 8:32)

사람들이 진리를 모르기 때문에 사람들에게 종노릇하면서 상처를 받는다. 진리를 모르기 때문에 돈에 종노릇하면서 걱정한다. 진리를 모르기 때문에 몸과 마음이 무언가에 눌려서 우울하고 낙심하며 병이 드는 것이다. 진리를 몰라 노예처럼 걱정, 근심, 절망하며 사는데 진리를 알면 이 모든 것에서 자유하게 된다. 그러면 참 평안이 임한다. 진리이신 하나님의 말씀에는 능력이 있다. 하나님의 구원계획을 깨닫게 해주고 믿음으로 영접해 하나님의 사랑을 체험하게 해준다. 진리의 말씀은 참으로 신비한 능력이 있다.

예수 잘 믿는 부인이 있었다. 그런데 남편은 교회에 나가지 않았다. 남편은 아내의 간곡한 애원에 한번만 교회에 '나가주기로' 했다. 아내는 기쁘고 신이 났다. 그런데 남편이 처음 교회에 간 그날, 하필이면 목사님이 창세기 5장에 나오는 아담의 족보로 강해설교를 했다. 목사님은 설교 내내 '누구는 누구를 낳고, 몇 세를 살다가 죽고' 등 낳고 죽고, 낳고 죽고를 하며 생소한 이름들이 계속 나오는 지루한 족보 이야기를 했다. 아내는 너무나 실망했다. '아니, 남편이 교회에 처음 왔는데 목사님은 그 많은 본문 중에 하필 창세기 5장을 설교하실 수 있나.' 이렇게 생각하니 속상하고 목사님이 원망스러웠다. 화가 나 설교가 들리지 않았다. 집에 와서 아무 말도 하지 않고 남편 눈치만 보았다. 그런데 다음 주일날에 남편이 교회 가자고 먼저 나서는 것이었다. 깜짝 놀라 "웬일이세요?"라고 물으니 "지난주일 예배의 설교에서 깨달은 것이 많았소"라고 답했다. 도대체 낳고 죽고만 반복하는 그 말씀에서 무엇을 깨달았다는 말인가? 남편은 "인생이 그렇게 낳고 죽고를 반복하는 허무한 것인데 나는 이제까지 무엇을 위해 살았는가라는 생각이 들었다"라고 토로했다. 그래서 기도했단다. "하나님, 지난 세월 잘못 살았습니다. 이제부터 잘 살겠습니다!" 남편은 그날부터 예수 잘 믿는 사람이 되었다. 이렇듯 말씀은 참으로 신비하다.

2. 성령님의 도우심을 구해야 한다

"이와 같이 성령도 우리의 연약함을 도우시나니 우리는 마땅히 기도할 바를 알지 못하나 오직 성령이 말할 수 없는 탄식으로 우리를 위하여 친히 간구하시느니라."(롬 8:26)

성령님은 우리 마음에 계시면서 내 생각과 감정과 모든 사정을 아신다. 나의 약한 부분도, 잠재능력도 아신다. 나보다도 나를 더 잘 아신다. 그런 성령님은 나를 도와주기 원하신다. 내게 믿음을 주신다. 내 눈을 열어 영적세계를 보게 해주신다. 성령은 지혜의 영이요,

위로의 영이며, 소망과 비전을 주는 하나님이시다. 성령 충만하면 희망과 비전이 보인다. 그러므로 문제가 생기면 즉시 성령님께 도움을 요청하며 기도해야 한다.

"주여, 내 마음을 잡아주소서. 주여, 내 아픔을 치료해주소서. 주여, 이해하고 용서하는 마음을 주소서. 주여, 분노를 다스려주소서. 결단력과 실천력을 주소서."

성령님은 보혜사다. 보혜사란 곁에서 코치처럼 도와주는 분이다. 보혜사이신 성령님과 항상 의논해야 한다. 상처가 생겼으면 그대로 두지 말고 성령님께서 기름을 부어 치유해주시기를 간구해야 한다.

3. 상처를 방치하지 말고 감사체질로 바꾸라

"너희는 하나님의 은혜에 이르지 못하는 자가 없도록 하고 또 쓴 뿌리가 나서 괴롭게 하여 많은 사람이 이로 말미암아 더럽게 되지 않게 하며"
(히 12:15)

상처를 그냥 내버려두고, 분노와 섭섭함과 미움을 그대로 두면 마음속에서 쓴 뿌리가 된다. 쓴 뿌리가 생기면 무엇을 해도 괴롭

아이보리 비누

고, 무슨 생각을 해
도 부정적이며 더럽
게 오염이 된다. 말
만 하면 화내는 사
람, 무슨 일을 해도
부정적인 사람, 어떤
일을 맡겨도 싸움으
로 끝내는 사람, 작

은 오해에도 분노를 폭발하는 사람들의 마음에는 쓴 뿌리가 있다.
그러므로 범사에 은혜를 받지 못하게 된다. 반드시 해가 지기 전에
분노와 상처를 치유해야 한다. 성령님께서 말씀으로 치유하고 쓴
뿌리의 마음을 감사체질로 바꿔주시기를 구해야 한다.

미국의 대표적인 비누 및 세제 등 가정용품 제조회사인 프록터 앤
드 갬블(Procter & Gamble)을 설립한 할레이 프록터는 항상 감사하
는 마음으로 살기를 원했다. 신실한 신자로서 회사가 어려울 때에도
불평하지 않고 감사하며 철저한 십일조 생활을 했다. 어느 날, 직원
이 실수로 기계 작동을 잘못 해 불량품 비누가 생산되어 회사가 큰
손해를 보게 되었다. 부서 책임자는 그 직원을 심하게 질책하고 사
표를 내게 했다. 그러나 프록터는 그런 상황에서도 분노하지 않고
하나님을 찾았다. 문제가 수습되도록 기도했다. 그러다 불량품 비
누가 물에 뜨는 것을 발견하고 '비누가 물에 뜨면 목욕할 때 더 편리
하지 않을까?'라는 생각을 했다. 프록터는 '물에 뜨는 비누'를 신상품

으로 출시했다. 그야말로 대박이 났다. 그 비누가 바로 '아이보리 비누'다. 그 비누로 인해 프록터 앤드 갬블은 세계적인 비누회사로 성장했고 프록터는 거부가 되었다. 직원의 실수에 화를 내고 하나님을 원망했다면 아이보리 비누는 만들어지지 않았을 것이다. 감사하는 신앙으로 문제를 바라보았기에 하나님이 높여주신 것이다. 잃은 것으

> 예수님이 근심과 두려움을 이기게 하고 마음을 지켜주신다. 예수님을 제대로 믿을 때, 우리 인생의 근심과 두려움은 사라진다.

로 인해 마음 아파하거나 실망, 낙심하지 말라. 대신 앞으로 하나님이 주실 최선의 것에 시선을 고정시키며 오히려 감사하기 바란다. 감사는 미래를 복되게 열어준다.

4. 예수님을 주인으로 모셔야 한다

"너희는 마음에 근심하지 말라 하나님을 믿으니 또 나를 믿으라; 평안을 너희에게 끼치노니 곧 나의 평안을 너희에게 주노라."(요 14:1; 27)

예수님이 마음에 평안을 주신다. 예수님이 근심과 두려움을 이기게 하고 마음을 지켜주신다. 예수님을 제대로 믿을 때, 우리 인생의 근심과 두려움은 사라진다.

윤항기는 1970년대에 '해변으로 가요' '나는 어떡하라고' '장밋빛

> 마음에 예수님을 모시면 행복해진다. 예수님을 구주와 주인, 왕으로 모시고 그 통치를 받아 마음을 지키면 누구나 행복한 삶을 살 수 있다.

스카프' '가는 세월' '너무합니다' 등으로 가수로서 큰 인기를 누리다 갑자기 연예계를 떠났다. 그는 10년 후에 목사가 되어 나타났다. 윤항기는 한참 전성기를 구가할 때, 공연 중에 쓰러졌고 폐결핵 말기 판정을 받았다. 최고의 인기를 누리던 중 찾아 온 병마로 하늘이 무너지는 것 같았다. 1년도 살 수 없다는 의사의 말에 아내와 함께 교회에서 금식기도를 드렸다. 회개하고 하나님께 살려달라고 매달렸다. 만일 살려주시면 남은 인생을 하나님께 바치겠다고 서원했다. 그러자 회생 불가능한 말기 폐결핵이 기적적으로 치유되었다. 그 후, 그는 서울국제가요제에서 동생 윤복희와 함께 '여러분'이란 노래를 불러 대상을 받았다. 윤항기는 거듭난 후에 '나는 행복합니다'란 노래를 통해 예수 안에서 얼마나 행복한지를 담아냈다.

'나는 행복합니다 나는 행복합니다 나는 행복합니다 정말 정말 행복합니다/기다리던 오늘 그 날이 왔어요 즐거운 날이예요/ 움츠렸던 어깨 답답한 가슴 활짝 펴 봐요/ 가벼운 옷차림에 다정한 벗들과 즐거운 마음으로 들과 산을 뛰며 노래를 불러요/ 우리 모두 다 함께 나는 행복합니다 나는 행복합니다 나는 행복합니다 정말 정말 행복합니다.'

마음이 지치고 불행하다 생각된다면 내 마음에 예수님이 계신지 돌아봐야 한다. 마음에 예수님을 모시면 행복해진다. 예수님을 구주와 주인, 왕으로 모시고 그 통치를 받아 마음을 지키면 누구나 행복한 삶을 살 수 있다.

"무릇 지킬만한 것보다 더욱 네 마음을 지키라 생명의 근원이 이에서 남이니라."

10

입술을
'락인'(lock-in)
하라

"말이 많으면 허물을 면하기 어려우나
그 입술을 제어하는 자는 지혜가 있느니라."
(잠 10:19)

인생을 잘 살기 원하는가? 교회와 가정, 사회에서 신앙생활을 잘하고 싶은가? 천국을 누리면서 살기 원하는가? 이런 소원이 있는 사람들은 반드시 혀를 통제해야 한다. 말을 절제해야 한다. 가능하면 입술을 '락인'(lock-in)하고 살면 좋다. 그동안 목회 하면서 함부로 입에 나오는 대로 말하면서 신앙생활을 잘하는 사람은 한 명도 보지 못했다. 말하고 싶은 충동이 생길 때 참지 않고 함부로 말하는 사람 중에서 가정이 평안하고, 부부와 자녀 관계가 좋은 사람을 보지 못했다는 말이다.

"혀는 곧 불이요 불의의 세계라 혀는 우리 지체 중에서 온 몸을 더럽히고 삶의 수레바퀴를 불사르나니 그 사르는 것이 지옥 불에서 나느니라."
(약 3:6)

야고보서 말씀대로 혀는 불과 같다. 자칫 모든 것을 태워버릴 수 있다. 누구나 여러 번 말실수로 큰 어려움을 당한 경험이 있을 것이다. 혀에서 나오는 불길이 우리 인생의 바퀴를 태워버린다는 성경 말씀을 반드시 명심해야 한다.

자녀들이 잘 되기를 바라기는 모든 부모들의 소망이다. 그러려면 말을 조심해야 한다. 지금 내가 말하는 방법과 태도는 자녀들에게 바로 전승된다. 자녀들은 부모의 음성과 톤까지 비슷하게 닮는다. 부모가 습관적으로 후벼 파는 말, 상처를 주며 상대의 분노를 일으키는 말을 하면 자녀들은 그대로 닮는다. 그런 자녀가 성공할 수 있겠는가? 사방에 적이 많은 기피대상이 될 것이다. 부모의 말은 자녀에게 전승된다는 점을 기억해야 한다.

1. 작은 혀는 인생 전체를 불살라 버리는 지옥불과 같다

1) 입을 지키지 못하는 자는 항상 환난을 당하게 된다

"입과 혀를 지키는 자는 자기의 영혼을 환난에서 보전하느니라."
(잠 21:23)

이상하게 계속 환난과 시련을 당한다면 자신의 언어습관을 점검해 봐야 한다. 생각해 보라. 부정적인 말, 원망하며 불평하는 말, 비판과 공격하는 말을 즐겨하며 산다면 어떻게 환난을 피해가겠는가? 환난을 피하는 삶을 살기 원한다면 입술과 혀를 잘 지켜야 한다.

2) 혀 때문에 다툼이 오고 혀로 매를 자청하고 망한다

"미련한 자의 입술은 다툼을 일으키고 그의 입은 매를 자청하느니라 미련한 자의 입은 그의 멸망이 되고 그의 입술은 그의 영혼의 그물이 되느니라."(잠 18:6~7)

왜 싸움이 일어나는가? 대부분이 혀 때문이다. 왜 매 맞고, 상처 당하고, 아파하며 사는가? 혀로 매를 자청해서다. 잘 살다가 왜 깨지고 망하는가? 혀가 멸망을 불렀기 때문이다.

3) 좋은 날 보면서 자기 생명을 지키려면 혀를 '락인'해야 한다

"생명을 사랑하고 좋은 날 보기를 원하는 자는 혀를 금하여 악한 말을 그치며 그 입술로 거짓을 말하지 말고"(벧전 3:10)

청년들은 행복을 위해 아름다운 외모의 사람을 찾는다. 그런 청년들에게 나는 멋있는 외모보다 말하는 것이 멋진 사람을 찾으라고 권한다. 그러면 행복이 보장되며 성공이 따라온다. 격려, 응원의 말로 사람들을 힘 나게 하고, 위로의 말을 통해 아프고 지친 사람들의 마음을 치유하고 용기를 주는 사람은 분명 이 땅에서 최고의 행복과 성공을 누릴 것이다.

4) 과격한 말을 유순한 대답으로 불을 끄는 소방수가 필요하다

"유순한 대답은 분노를 쉬게 하여도 과격한 말은 노를 격동하느니라."
(잠 15:1)

가정에서는 부부 중에 한 사람은 불을 끄는 소방수 역할을 해야 한다. 한 사람이 지치고 힘들어 열불이 날 때 다른 사람이 그 불을 꺼줘야 하는데 반대로 거기에 기름을 끼얹어버리면 불이 더 번져 둘 다 타 죽는다. 불을 끄는 비결은 유순한 대답을 하는 것이다. "아, 그렇구나. 당신 말이 맞아…" 이렇게 소리를 낮추고, 숨 좀 쉬고, 고조된 분위기를 낮춰 말하는 연습을 해야 한다. 상대방을 이해하며 유순하게 말하는 것이 타오르는 불을 끄는 비법이다.

5) 말을 줄이는 것이 허물과 문제를 줄이고 지혜로워지는 비결이다

"말이 많으면 허물을 면하기 어려우나 그 입술을 제어하는 자는 지혜가 있느니라."(잠 10:19)

말을 줄여야 문제가 줄어든다. 그래서 혀를 반드시 잠가야 한다.

"나무가 다하면 불이 꺼지고 말쟁이가 없어지면 다툼이 쉬느니라."
(잠 26:20)

가급적 말쟁이를 피하기 바란다. 오래 전, 어느 교회에 일련의 사람들이 등록했다는 말을 들었다. 그들은 모두 말이 많은 사람들이었다. 그래서 내가 말했다. "앞으로 4년 내에 그 교회에서 큰 싸움이 일어날 것이다." 내가 왜 그런 이야기를 했겠는가? 말쟁이들이 갔기에 분쟁이 생길 수밖에 없기 때문이다. 정말로 수년 내에 그 교회에는 큰 분쟁이 일어나 많은 사람들이 상처를 받았다. 불을 끄려면 주변의 나무를 치워야 하는 것처럼 말쟁이를 멀리 해야 분쟁과 갈등이 없어진다. 부디 말 많은 사람을 멀리 하라. 사사건건 시비를 걸고, 비판하며, 부정적인 말만 하는 사람을 멀리하는 것이 행복의 지름길이다.

6) 여기저기 다니며 말을 옮기는 사람을 멀리 해야 한다

"두루 다니며 한담하는 자는 남의 비밀을 누설하나니 입술을 벌린 자를 사귀지 말지니라."(잠 20:19)

그 자리에 없는 사람에 대해 말하는 걸 '뒷담화'라고 한다. 뒷담화는 맛있고 중독성이 있다. 그런데 문제가 많다. 일단 너무 비겁한 행위다. 앞에서는 말하지 못하고 뒤에서 이야기하는 것은 비겁한 인간이나 하는 행위다. 뒷담화는 인간의 신뢰관계를 깨트린다. 비밀을 지키지 않고 여기저기 말을 옮기는 사람을 누가 믿겠는가? 언젠가는 자기가 뒷담화의 대상이 되어 말에 휘둘리며 상처받는 주인공이된다. 제발 그 자리에 없는 사람에 대해 말하지 말라. 굳이 말하려면 칭찬과 축복의 말만 하라. 당신이 한 말은 반드시 돌아서 들어간다는 사실을 잊지 말라.

7) 하나님은 나의 인생을 내가 하는 말 그대로 되게 하신다

"그들에게 이르기를 여호와의 말씀에 내 삶을 두고 맹세하노라 너희 말이
내 귀에 들린 대로 내가 너희에게 행하리니"(민 14:28)

우리는 어떤 사람의 미래가 어떻게 될 것인지 어느 정도 짐작할
수 있다. 그가 말하는 내용과 습관에서 그의 미래는 이미 나타나 있
다. 말은 그 말을 한 사람의 생각이며 신앙고백이다. 하나님은 "네
믿음대로 되고 네 소원대로 되게 해주겠다"고 말씀하셨다. 안 되는
말만 하고, 불평하는 말만 하고, 분쟁을 일으키는 말만 하는 사람에
게 은혜와 축복이 넘치는 미래를 살 가능성은 절대 없다. 하나님이
그 말을 기억하신다. 그래서 그 말대로 되게 하신다. 되는대로 말하
고, '아니면 말고'식으로 말해서는 안 된다. 자신의 말이 인생의 미래
를 만드는 밑그림이 된다는 것을 알아야 한다.

"네 입의 말로 네가 얽혔으며 네 입의 말로 인하여 잡히게 되었느니
라."(잠 6:2)

내 입에서 나가는 말이 내 마음과 인생을 묶고 잡아버린다. 사단
이 주로 다니는 통로가 있다. 사단이란 영물은 사람들이 믿건 안 믿
건 주변에 일어나는 현상들 속에 자기 흔적을 나타낸다. 실제로 자
기의지와 상관없이 어떤 악한 세력이 생각과 행동 속에서 불쑥불쑥

나타날 때가 있을 것이다. 실제로 그런 경우가 많다. 사람들을 쫓아다니며 양심을 찌르기도 하고, 극심한 우울증과 분노에 빠지게도 만든다. 도대체 왜 그럴까? 내가 원하지도, 부르지도 않았는데 사단이 자기 맘대로 내 마음속에 들락거리고 있으니 기가 막힌다. 수많은 문학작품을 보면 많은 사람들이 이런 현상에 대해 고민하고 연구해왔다는 것을 알 수 있다.

> 하나님이 우리의 말을 기억하시고 그 말대로 되게 하신다. 자신의 말이 인생의 미래를 만드는 밑그림이 된다는 것을 알아야 한다.

사단이 주로 다니는 통로는 우리의 두뇌다. 아담이 불순종하여 선악과를 먹으며 자유의지를 주장하는 동안 사단은 아담의 머릿속을 여기저기 휘저으며 이간과 교란으로 죄악의 씨를 뿌려놓았다. 어느 날, 일어나 보니 아담의 두뇌가 바뀌어졌다. 예를 들면 민주주의 국가에서 대통령이 공산주의 이론에 미혹되어 공산주의의 조약에 사인한 것과 같다. 다음 날, 국민들은 공산주의 나라에서 깨어나 그 제도와 체제의 적용을 받으며 살아갈 수밖에 없게 된다. 그것을 거부하려면 그 나라를 탈출해야 한다. 아니면 가진 것을 빼앗기고 숙청당하게 된다. 아무리 큰 나라도 대통령 한 명의 두뇌가 사단에게 점령당하면 나라 전체가 점령되는 것이다.

이처럼 우리의 온 몸을 지배하는 것이 바로 두뇌다. 일단 두뇌를 점령하면 온 몸과 생각을 점령하게 되고 행동도 조정할 수 있다. 사단은 내 두뇌의 생각과 사고방식, 감정을 통해 돌아다닌다. 그리고 그 사람의 머리에서 나온 말을 통해 자신의 영향력을 나타낸다. 그러므로 우리가 마음을 지키고, 생각과 말을 절제하지 못한다면 사단이 제 맘대로 내 인생 속에 들락거리며 활개치고 다니게 된다. 정말 소름끼치는 무서운 이야기다. 정신 차려 생명을 걸고 마음과 입술을 지켜야한다.

2. 당신은 혀를 '락인'해서 길들이며 살고 있는가?

당신은 혀를 잘 길들이고 있는가? 세상에서 길들이기 제일 힘든 것이 바로 혀다. 혀를 길들이기보다 차라리 개와 고양이를 길들이는 것이 훨씬 쉽다. 혀를 길들인 사람은 인격 성숙의 최고 단계에 도달한 사람이다. 당신은 어떤 일이 있어도 포기하지 않고 혀를 길들이기 원하는가?

1) 침묵하며 경청할 줄 아는 사람이 돼라

"유지들은 말을 삼가고 손으로 입을 가리며 지도자들은 말소리를 낮추었으니 그들의 혀가 입천장에 붙었느니라."(욥 29:9~10)

귀한 사람, 남을 제대로 다스리는 리더의 특징은 혀가 입천장에 붙었고 말을 잘 참는 것이다. 침묵해야 다른 사람의 말을 경청할 수 있다. 침묵하며 경청하는 사람이 지혜를 얻게 되고, 다른 사람의 마음을 이해하고, 그 사람을 얻을 수 있다.

2) 경우에 맞는 말을 선택하는 사람이 돼라

"경우에 합당한 말은 아로새긴 은 쟁반에 금 사과니라."(잠 25:11)

경우에 맞는 말을 하려면 다음의 4가지를 반드시 생각해야 한다. '바로 지금 말해야 하나?' '이런 내용으로 말해야 하나?' '이런 방법으로 말해야 하나?' '이런 분위기와 톤으로 말하는 게 좋은가?'

같은 말도 타이밍과 말투, 용어 선택에 따라 그 결과가 180도 달라진다. 반드시 생각하고 말해야 한다.

3) 저주하지 말고 감사하며 축복하는 말을 하라

"너희를 저주하는 자를 위하여 축복하며 너희를 모욕하는 자를 위하여 기도하라."(눅 6:28)

먼저 감사하기 바란다. 원수 같은 사람에 대해서도 감사해야 한다. '그 원수 때문에 내가 기도하고 더 겸손해지지 않았는가'를 생각하면 감사하지 않을 수 없다. 그렇다면 원수가 기도의 선생이 되는 것이다. 원수의 존재를 감사하고 그를 축복하기 바란다.

감사는 인생과 관계를 바꾸는 능력이다. 사람이 입술로 할 수 있는 가장 위대한 네 개의 말이 있다. 찬양, 기도, 감사, 전도. 그 중에 감사는 내가 이 땅에서 천국을 누리고 있다는 증거다. 감사할 때 인생 문이 열리고, 영적세계가 열리며, 모든 매인 것이 풀어진다.

4) 회개하고 하나님의 자녀로 거듭나야 한다

"선한 사람은 마음에 쌓은 선에서 선을 내고 악한 자는 그 쌓은 악에서 악을 내나니 이는 마음에 가득한 것을 입으로 말함이니라."(눅 6:45)

포도나무가 포도를 맺고, 찔레나무는 찔레가시를 맺는다. 사람이 변화되어야 그 말도 달라진다. 예수님은 고난과 멸시를 당해도 입을 열지 않으셨다. 마지막으로 "아버지여 저들의 죄를 저들에게 돌리지 마소서 자기가 하는 일을 알지 못함입니다"라고 말했다. 이 사랑과 용서의 예수님을 구세주와 주인, 왕으로 영접하고 하나님 자녀로 거듭나 이 땅에서 그분의 성품으로 살기 바란다.

기러기는 네 가지 덕과 지혜를 지니고 있다고 한다. 기러기는 먹이와 따뜻한 땅을 찾아 4만km를 날아간다. 사랑의 약속을 평생 지킨다. 기러기의 수명은 무려 150~200년인데 짝을 잃으면 결코 다른 짝을 찾지 않고 홀로 지낸다. 그래서 결혼 폐백 때 기러기 모형을 놓고 예를 올리는 것이다. 기러기는 'V자 행렬'로 질서 있게 날아간다. 제일 앞에서 날아가는 대장 기러기의 날개가 기류의 양력을 만들어

준다. 따라서 대장 기러기는 많은 에너지를 소모해야 하지만 대장을 따라가는 기러기들은 70%의 힘만 써도 날 수 있어 에너지를 절약할 수 있다. 이동하는 기러기들은 끝없이 목소리로 응원하며 격려해서 서로 지치지 않게 해준다. 대장 기러기가 소리 내면 뒤따르는 기러기도 화답하며 응원의 소리를 낸다. 그래서 서울에서 부산까지의 왕복거리보다 40배나 더 되는 먼 길을 지치지 않고 날아갈 수 있다. 대장 기러기가 지치면 뒤에서 교대로 리더 역할을 바꿔준다. 이렇게 기러기들은 서로 도우며 응원하는 지혜와 뛰어난 비행술이 있기에 해마다 수만 km를 성공적으로 비행한다. 참새는 절대로 그렇게 할 수 없다. 기러기에게만 있는 특징이다. 빨리 가려면 혼자 가라. 그러나 멀리 가려면 함께 가라!

하나님의 자녀로 거듭나면 예수님 형상과 특징이 나타나기 시작한다. 거듭나면 제일 먼저 마음과 말이 달라진다. 거듭나면 나오는 말들이 있다. "하나님, 감사합니다." "하나님, 사랑합니다." "저는 죄인입니다." 이렇게 전에 하지 못했던 말이 나온다. 바로 이런 말이 사람을 살리고 이웃을 치유한다.

5) 성령의 불로 입술을 지져 달라고 구하라

"그 때에 그 스랍 중의 하나가 부젓가락으로 제단에서 집은 바 핀 숯을 손에 가지고 내게로 날아와서 그것을 내 입술에 대며 이르되 보라 이것이 네 입에 닿았으니 네 악이 제하여졌고 네 죄가 사하여졌느니라 하더라."(사 6:6~7)

천사가 제단 숯불로 이사야의 입술을 지져줬다. 그러면서 "이것이 네 입에 닿았으니 네 악이 제하여졌다"고 했다. 우리에게도 이런 은혜체험이 필요하다. 성령으로 내 입술이 새롭게 되어야 한다.

"마치 불의 혀처럼 갈라지는 것들이 그들에게 보여 각 사람 위에 하나씩 임하여 있더니 그들이 다 성령의 충만함을 받고 성령이 말하게 하심을 따라 다른 언어들로 말하기를 시작하니라."(행 2:3~4)

성경은 오순절에 성령이 불의 혀같이 갈라지는 모습으로 각 사람

위에 임했다고 말한다. 그 결과, 그 자리에 참석한 모두가 '성령이 말하게 하심을 따라' 방언으로 말하며 구원의 복음을 전했다. 성령은 우리 입술을 새롭게 하며 우리 입술을 주장해 주신다. 성령으로 입술이 지져지기를 소망하자. 또한 성령이 말하게 하심을 따라 복음을 전하면서 사람을 구원하고 치유하는 복된 혀를 갖고 살기를 갈망하자. 갈망이, 사모함이 참된 재산이다.

11

근심의
마이너스를
계산해보라

"마음의 즐거움은 양약이라도
심령의 근심은 뼈를 마르게 하느니라."
(잠 17:22)

이 말씀을 읽으며 도대체 어떻게 마음의 근심이 뼈를 마르게까지 하는지 놀라웠다. 그런데 생각해보면 지금 도처에 마음의 근심으로 인해 뼈가 마르는 정도를 넘어 자살까지 하는 사람들이 속출하고 있는 것이 현실이다. 근심은 그 정도로 무서운 것이다. 나는 유명한 '야베스의 기도'를 좋아한다.

"야베스가 이스라엘 하나님께 아뢰어 이르되 주께서 내게 복을 주시려거든 나의 지역을 넓히시고 주의 손으로 나를 도우사 나로 환난을 벗어나 내게 근심이 없게 하옵소서 하였더니 하나님이 그가 구하는 것을 허락하셨더라."(대상 4:10)

야베스가 기도에서 마지막으로 구한 것이 무엇인가? 근심을 없게 해 달라는 것이다. 근심은 마음 항아리를 금가게 하며 심지어는 깨기도 한다. 항아리가 깨어지면 무엇을 담아도 다 새어나간다. 그래서 복을 받는 것도 중요하지만 그 복을 잘 감당하는 것은 더욱 중요하다. 그런데 근심이 있으면 아무리 많은 복을 받아도 새어나가 종국에는 인생에 유익이 되지 못한다. 그래서 우리의 기도 중에도 야베스의 경우처럼 반드시 이 기도가 들어가야 한다.
"근심이 없게 하옵소서!"
부디 인생길 가면서 근심을 물리치고 믿음대로 되는 행복한 삶을 살기 바란다.

1. 우리는 왜 근심이 없기를 기도하며 근심을 몰아내야 하는가?

1) 근심은 뼈와 면역항체를 마르게 해서 건강을 망가트린다

"마음의 즐거움은 양약이라도 심령의 근심은 뼈를 마르게 하느니라."
(잠 17:22)

근심은 만병의 원인인 것이 분명하지만 그것만이 아니다.

2) 근심은 건강만 망치는 게 아니라 심령을 상하게 한다

"마음의 즐거움은 얼굴을 빛나게 하여도 마음의 근심은 심령을 상하게 하느니라."(잠 15:13)

이 말씀대로 근심이 마음의 행복과 감사와 기쁨을 사라지게 한다.

3) 근심은 말씀이 뿌리내려 결실하는 것을 방해한다

"가시떨기에 떨어졌다는 것은 말씀을 들은 자이나 지내는 중 이생의 염려와 재물과 향락에 기운이 막혀 온전히 결실하지 못하는 자요."
(눅 8:14)

근심과 염려는 내 마음에 들어온 말씀의 기운을 막아 결실하지 못하게 하는 주범이다. 믿음의 열매를 거두기 위해서는 반드시 근심을 물리쳐야 한다.

4) 근심은 예수를 떠나 돌아서게 만들기도 한다

"그 청년이 재물이 많으므로 이 말씀을 듣고 근심하며 가니라."
(마 19:22)

부자 청년이 예수님의 말씀을 듣고 은혜를 받았다. 예수님의 제자가 되고 싶은 마음이 생겼다. 그런데 "네 재물을 팔아서 가난한 자들에게 주고 나를 따르라"는 예수님의 말씀에 돈이 많은 부자 청년은 근심하며 주님으로부터 떠났다. 왜 그가 예수님을 떠났나? 돈이 많아서인가? 근심 때문인가? 꼭 돈이 많아서 떠난 것은 아니라고 생각된다. 사실 예수님의 제자 중에도 부자가 많다. 삭개오, 아리마대 요셉, 니고데모, 마가의 모친 등은 모두 큰 부자였지만 예수님을 따랐다. 문제는 돈이 많은 것이 아니라 근심이다. 근심은 우리를 예수님으로부터 떠나게 만드는 주요한 요인이 된다. 그러므로 영적 생활을 위해 근심을 물리쳐야 한다.

5) 세상 근심은 사람을 죽고 망하게 하는 원흉이다

"하나님의 뜻대로 하는 근심은 후회할 것이 없는 구원에 이르게 하는 회개를 이루는 것이요 세상 근심은 사망을 이루는 것이니라."
(고후 7:10)

세상 근심은 영적인 사망을 불러온다. 영적으로만 죽는 것이 아니라 육적으로도 희망을 보지 못하고 죽게 만든다.

6) 근심은 인간 스스로가 해결해 떼어낼 수 없다

"웃을 때에도 마음에 슬픔이 있고 즐거움의 끝에도 근심이 있느니라."
(잠 14:13)

나폴레옹

'웃음과 즐거움 끝에도 근심이 있다'는 말이 얼마나 절실하게 와 닿는지 모르겠다. 재벌, 배우, 연예인들이 매일 파티를 하며 웃고 즐기는 것 같지만 그 끝에는 근심이 있다. 그래서 외면적으론 아무 근심이 없는 것 같은 그들 가운데에서도 자살하는 사람들이 나오는 것이다. 근심은 내 마음에 들어온 행복과 믿음, 말씀과 희망을 모두 변질되게 만든다. 근심이 있으면 어느 누구도 행복하고 건강하게 살 수 없다. 근심을 없애야 하는데 인간의 힘으로 안 된다. 나폴레옹은 "내 사전에 불가능이란 단어는 없다"고 말한 무소불위의 권력을 지닌 황제였지만 죽음을 앞두고 자기 생애를 돌아보며 "행복한 날이 6일도 채 되지 않았다"고 고백했다. 그러면서 "오대양 바다에 출렁이는 물결은 천만인의 눈물이고 육대주에 부는 바람은 모든 인류의 한숨"이라고 탄식했다.

> "재앙이 뉘게 있느뇨 근심이 뉘게 있느뇨 분쟁이 뉘게 있느뇨 원망이 뉘게 있느뇨 까닭 없는 상처가 뉘게 있느뇨 붉은 눈이 뉘게 있느뇨 술에 잠긴 자에게 있고 혼합한 술을 구하러 다니는 자에게 있느니라."
> (잠 23:29~30)

이 구절에 근심과 재앙, 분쟁이란 말이 나란히 같이 나온다. 근심은 술로, 술은 분쟁으로, 분쟁은 재앙으로 악순환 된다. 근심을 달래기 위해 술, 특히 혼합된 칵테일을 찾아다니지만 근심을 잊어버리기는커녕 더 악화시킨다. 근심은 백해무익하다. 근심과 염려는 믿음을 파괴한다. 근심은 천국을 누리게 하는 감사를 없애버린다. 근심은 기도를 막히게 만든다. 근심은 욕심, 교만, 나태, 불신과 함께 인생에서 배격해야 할 오적(五賊) 가운데 하나다.

어려서 심한 학대를 받으며 항상 근심하고 살았던 한 남자가 열심히 노력한 끝에 크게 성공했다. 그는 결혼해 귀여운 아들도 낳았다. 뭇사람의 선망의 대상이자 자기 인생의 목표 가운데 하나였던 최고급 스포츠카를 구입했다. 최고급 스포츠카를 구입한 이후엔 '누가 차를 망가트리지 않을까'라며 노심초사했다. 어느 날, 차고에 들어간 그는 이상한 소리를 들었다. 주변을 살펴보니 어린 아들이 천진난만한 표정으로 긴 드라이버를 들고 스포츠카에 낙서하고 있었다. 순간 이성을 잃은 그는 손에 잡은 공구로 아들 손에 들려진 드라이버를 가차없이 내리쳤다. 그런데 그 공구가 하필 피하는 아들의 손을 때렸다. 대수술 끝에 결국 아들의 손을 절단해야만 했다. 수술이 끝나 깨어난 아들은 아버지에게 울며 잘린 손으로 빌었다. "아빠, 다시는 안 그럴 테니 용서해주세요." 절망적인 심정으로 집에 돌아간 아버지는 그날 저녁, 차고에서 권총으로 자살하고 말았다. 그가 마지막으로 본 것은 아들이 고급 스포츠카에 드라이버로 쓴 '아빠, 사랑해요~'란 낙서였다.

> **근심은 사람을 망하게 하고 죽이는 원흉 가운데 하나다. 근심을 약화시키는 방법은 선한 말, 소망의 말을 서로 나누는 것이다.**

이처럼 근심은 사람을 망하게 하고 죽이는 원흉 가운데 하나다. 그렇다면 그 악한 근심을 어떻게 없애야 하는가?

2. 근심에게 영주권을 줘서 정착시키지 말고 당장 추방하라

1) 부지런히 몸을 움직이며 운동하라

몸을 많이 움직이며 운동하면 혈액순환과 호르몬의 분비가 좋아져 정신건강에 도움이 된다. 미국의 각 도시마다 마약 중독자들을 치료하는 프로그램이 있는데 그 중에 지치도록 운동하게 하는 프로그램이 가장 효과가 좋다고 한다. 우리 교회는 공원과 바로 연결되어 있다. 체육관도 잘 준비되어 있다. 근심이 있다면 운동동아리에 참여하면 좋다. 우리 교회에서는 이번에 연못을 메워 그 자리에 다목적 주차장을 만들어 족구, 미니축구, 야외공연이 가능하도록 했다. 이런 다양한 활동을 통해 우리 교회는 근심이 없는 행복한 교회가 되도록 노력하고 있다.

2) 긍정적인 믿음의 사람과 교제하며 서로 치유해 주라

"근심이 사람의 마음에 있으면 그것으로 번뇌하게 되나 선한 말은 그것을 즐겁게 하느니라."(잠 12:25)

근심을 약화시키는 방법은 선한 말, 소망의 말을 서로 나누는 것이다. "나도 그런 염려와 걱정이 있었는데 말씀을 붙잡고 기도하며 지나다 보니 걱정할 이유가 사라지더라고…" 소그룹 목장에서는 이렇게 선하고 건강한 대화를 나눌 수 있다. 자기가 많이 아파본 사람이 좋은 의사가 된다. 환자를 돌볼 때 긍휼의 마음이 저절로 우러난다. 상처 입은 사람이 좋은 치유자가 될 수 있다. '상처 입은 치유자'로서 서로의 근심을 나누며 격려할 때, 어느 순간에 근심은 사라지게 된다. 목회자인 나 역시 근심과 염려, 절망감에 시달렸다. 그래서 근심 있는 사람들의 마음을 이해하고 도움을 줄 수 있다. 그들을 더 사랑할 수 있게 되었다.

3) 강한 소망을 주는 약속의 말씀을 암송해서 붙잡아라

암송의 유익은 말씀을 주야로 묵상하다보면 내 마음과 생각, 감정에 말씀을 심을 수 있다는 것이다.

"고관들도 앉아서 나를 비방하였사오나 주의 종은 주의 율례들을 작은 소리로 읊조렸나이다 주의 증거들은 나의 즐거움이요 나의 충고자니이다."(시 119:23~24)

말씀을 암송하면 어떤 도전과 훼빙, 근심거리가 몰려오더라도 바로 암송한 말씀을 묵상해 적용할 수 있다. 그러면 시편 기자가 체험한 것처럼 근심이 사라지고, 영적 즐거움이 올라오며, 뛰어난 지혜를 얻게 된다. 나는 말씀 암송을 통해 이런 체험을 얼마나 많이 했는지 모른다. 암송하고 묵상한 말씀이 걱정거리를 해결할 수 있는 지혜와 기쁨을 준다. 말씀을 잘 암송하고 묵상함으로써 근심을 물리치기 바란다.

4) 내 안에 천국이 임하게 해주시는 예수님을 영접하라

예수님은 샬롬의 왕, 평강의 왕이시다. 예수님은 하나님 사랑의 증표로 우리에게 오셨다.

"하나님이 세상을 이처럼 사랑하사 독생자를 주셨으니 이는 그를 믿는 자마다 멸망하지 않고 영생을 얻게 하려 하심이라."(요 3:16)

예수님은 하나님 사랑의 증표로 믿는 자를 구원하러 이 땅에 오셨다. 예수님은 이 세상 사람들을 어떻게 구원하셨는가? 구약의 어린 양처럼 내 죄를 직접 담당하셨다. 십자가에 달려 피 흘리며 죽기까지 고난당하셨다. 자신의 생명으로 우리의 죗값과 심판당할 저주를 모두 가져가셨다. 예수님은 머리에 가시관을 쓰심으로 우리가 머리로 범하는 생각의 죄와 근심과 염려, 절망을 모두 해결해 주신 것이다. 옆구리 심장에 창으로 찔림 당함으로 우리의 마음 속 모든 상처와 고통, 저주, 죄를 다 담당해주신 것이다. 손과 발에 못 박히심으로 우리가 손과 발로 범한 죄와 실수, 잘못들을 다 담당하고 피 흘려 죽으신 것이다. 주님은 내 죄악과 슬픔, 고통과 근심을 모두 십자가로 가져가서 해결해주셨다. 이 예수님이 나의 구원자시며, 나의 치료자시다. 그분을 내 삶의 주인과 왕으로 영접하면 내게 있던 모든 저주가 사라지고 영원한 천국인 하나님 나라가 내 삶 가운데 임하는 것이다. 예수님은 이렇게 말씀하셨다.

"평안을 너희에게 끼치노니 곧 나의 평안을 너희에게 주노라 내가 너희에게 주는 것은 세상이 주는 것과 같지 아니하니라 너희는 마음에 근심하지도 말고 두려워하지도 말라."(요 14:27)

근심은 내가 힘써도, 참아도, 울어도, 술 취해도 없어지거나 그 강도가 경감되지 않는다. 오직 예수님을 구세주와 주인, 왕으로 영접할 때 내 안에 천국이 임함으로써 근심은 떠나게 된다.

"평화, 평화로다. 하늘 위에서 내려오네⋯." 할렐루야!

5) 근심으로 사단의 진지가 구축되기 전에 싸워 물리쳐라

우리는 무엇보다 먼저 하나님의 본심을 알아야 한다.

"주께서 인생으로 고생하게 하시며 근심하게 하심은 본심이 아니시로다."(애 3:33)

하나님의 본심은 우리가 고생하거나 근심하는 것이 아니다. 이것이 우리를 지으실 때에 하나님이 본래 디자인한 마음이다.

"여호와께서 주시는 복은 사람을 부하게 하고 근심을 겸하여 주지 아니하시느니라."(잠 10:22)

이것을 분명히 믿기 바란다. 근심이 찾아오면 속히 물리치기 바란다. 근심하는 것은 하나님이 주신 것이 아니다. 그러면 무엇인가? 근심은 사탄이 뿌리는 가라지다. 근심과 걱정, 염려가 내 마음에 자리 잡아 견고한 진을 만들고 쓴 뿌리를 내려 병을 만들기 전에 물리쳐야 한다. 근심이 오면 이렇게 외치라. "사탄아 물러가라!" "예수 이름으로 떠나가라!" "염려와 근심은 다 사라져라!" 근심 대신 하나님이 주신 은혜와 복을 헤아려 감사하라. 심한 근심이 올수록 더욱 열심히 주님의 은혜를 찾아서 감사하라. 공개적으로 감사하면서 서로 격려하고 응원하라.

"너희는 마음에 근심하지 말라 하나님을 믿으니 또 나를 믿으라."(요 14:1)

이 말씀에 "아멘"으로 응답했는데도 혹시 문제가 생기면 어떻게 해야 하나? 말씀에 답이 있다.

"아무 것도 염려하지 말고 다만 모든 일에 기도와 간구로, 너희 구할 것을 감사함으로 하나님께 아뢰라."(빌 4:6)

우리 인생에서 염려할 것은 하나도 없다. 문제가 생기면 기도하면 된다. 우리에겐 기도라는 최고의 무기가 있다. 그 무기를 사용하라. 기도하면 된다! 기도로 염려를 물리치고 응답받아 승리하자.

세계 최고의 암 전문 병원인 텍사스의 MD 앤더슨 암센터에서 30여 년 근무한 김의신 박사는 신앙이 암 치료에 실제적인 효과가 있다고 주장했다. 그는 교회 성가대원들과 일반인을 비교해보니 성가대원들의 NK세포(Natural Killer Cell·바이러스에 감염된 세포나 암세포를 직접 파괴하는 면역세포) 수가 일반인보다 무려 1000배나 많은 것으로 측정되었다고 보고했다. 찬양하고 감사하며 사는 것이 그만큼 건강에 유익하다는 설명이다. 의학 관계자들에 따르면 감사는 스트레스를 완화시키고 면역체계를 강화, 에너지를 높이고 치유

를 촉진한다. 감사는 혈압을 낮추고 소화 작용을 촉진한다. 1998년에 듀크대 병원의 해럴드 쾨니히와 데이비드 라슨 박사의 연구 결과 매 주일 교회에 가서 찬양하고 감사하며 예배드리는 사람들은 그렇지 않은 사람보다 평균 7년을 더 오래 산다는 사실이 밝혀졌다. 존 헨리 박사도 "감사는 최고의 항암제요 해독제며 방부제"라고 말했다. 감기약보다 훨씬 강한 효능을 가진 게 '감사약'이다. 기뻐하며 감사하면 우리 몸의 면역체계가 강화된다. 감기약 대신 매일 감사약을 먹기 바란다. 조사에 따르면 1분간 기뻐하며 웃고 감사하면 우리 신체에 24시간 동안 지속되는 면역체가 생겨난다. 반면, 1분간 화를 내면 우리 신체에 6시간 동안 면역체계가 떨어지는 것과 같다. 그러므로 매일 기뻐하고 찬양하며 '감사약'을 복용해 몸과 마음, 영혼이 건강하게 되기를 바란다.

탈무드에는 '세상에서 가장 사랑 받는 사람은 모든 사람을 칭찬하는 사람이며 가장 행복한 사람은 감사하는 사람'이라고 적혀 있다. 감사로 근심을 물리치자!

애틀랜타 새한교회 성가대원들이 송상철 목사와 함께 자리했다.

12

아이의 때가
무섭다는 것을
명심하라

"마땅히 행할 길을 아이에게 가르치라 그리하면
늙어도 그것을 떠나지 아니하리라."
(잠 22:6)

초대 미국 대통령 조지 워싱턴이 어머니의 생일 축하연에 많은 인사들을 초청했다. 그때 주미 프랑스 대사가 워싱턴의 어머니에게 가까이 가서 물었다. "저렇게 훌륭한 아드님을 두신 비결이 무엇입니까?" 어머니가 대답했다. "나는 내 아들이 어려서부터 하나님 말씀을 절대 순종하고 교회를 떠나지 않도록 가르쳤습니다." 워싱턴 대통령 어머니는 성경이 말한 그대로 교육을 시켰다.

"마땅히 행할 길을 아이에게 가르치라 그리하면 늙어도 그것을 떠나지 아니하리라."(잠 22:6)

인간 발달학을 연구하는 학자들은 한 인간의 성격이나 기본 인격의 85%가 6세 이전에 형성되고 그 결정적인 역할은 부모에게 달려 있다고 말한다. 이렇게 형성된 성격은 그 아이의 무의식과 잠재의식 속에 내재되어 평생 영향을 미친다. 이렇게 중요한 우리 아이들의 교육을 어떻게 해야 하나?

요즘 한국의 공교육이 무너졌다고 한다. 많은 분들이 한국과 미국의 교육에서 인성교육, 윤리도덕, 더불어 사는 인간의 자세, 전인교육이 더 이상 존재하지 않는다고 탄식한다. 2018년 한국의 초중고생 사교육비는 1인당 월평균 39만 9000원이며 한해 과외비 총액은 무려 19조 5000억 원으로 나타났다. 엄청난 돈을 교육에 쏟아 붓고 있지만 자녀들 교육은 제대로 되고 있는지 의문이다.

자녀교육에 실패한 저주의 사례는 이스라엘이다. 자녀교육의 실패로 이스라엘 후손들이 부패하고 타락하게 되었다. 그 결과, 주변 강대국들의 지속적인 침략을 당했고 왕과 귀족, 백성들이 이방나라에 포로로 끌려가는 민족적 비극과 치욕을 겪었다. 시드기야 왕은 두 눈을 뽑히고 쇠사슬에 묶인 채 바벨론으로 끌려갔다. 말씀교육과 신앙교육, 인성교육에 실패한 이스라엘에 대한 하나님의 징계라 할 수 있다.

미국의 크리스처너티 투데이가 청소년들이 반드시 알고 훈련해야 할 '삶의 10대 지혜'를 잠언에서 뽑아 발표했다. 정말 그대로 실천하면 도저히 실패할 수 없는 인생, 형통하고 건강한 인생을 살 수 있다고 생각한다. 그것을 기초로 내가 잠언을 더 깊이 연구, '12가지 자녀교육과 내 인생 행복 비결'을 정리했다. 부모와 교사, 학생이 정확히 배워 자기 삶에서 실천하면 은혜와 믿음, 지혜가 더욱 풍성하게 될 것이다. 어린이와 청소년, 청년들은 하나님을 사랑하며 말씀을 삶에 적용시켜 경건의 연습을 하는 것이 너무나 중요하다.

'송상철 목사의 도저히 실패할 수 없고 형통하며 건강한 인생을 사는 비결'을 소개한다. 이것을 믿음으로 받기 바란다.

1. 하나님을 경외하는 지혜를 갖고 살게 하라

"여호와를 경외하는 것이 지식의 근본이거늘 미련한 자는 지혜와 훈계를 멸시하느니라."(잠 1:7)

하나님을 경외하는 것이란 무엇인가? 하나님이 나를 사랑하셔서 독생자를 주신 것을 믿고 예수님을 영접해 영생을 얻어야 한다. 예수 믿고 영생을 얻으며 거듭나야 하나님을 경외할 수 있다. 거듭나지 않으면 제한적 존재인 인간이 영이신 하나님을 알 수도, 찾아갈 수도 없다. 거듭나면 하나님 은혜와 사랑을 체험하며 살 수 있다. 그런 사람들은 하나님을 온 마음 다해 사랑할 수 있다. 그러므로 주위 사람들에게 복음을 전해 반드시 그들을 거듭나게 해야 한다.

예수를 영접한다는 것은 하나님의 사랑을 영접하는 것이다. 하나님의 사랑을 영접하는 순간부터 하나님의 사랑으로 '열리는 인생'을 살게 된다. 예수님은 십자가에 자신의 생명을 던짐으로 내 모든 죄의 값을 해결하고 내가 당할 저주를 모두 가져가셨다. 그리고 부활하심으로 죽음을 이기는 영생을 나에게 주셨다. 예수를 영접하면 그분의 보혈(Blood of Jesus)이 나를 죄와 저주에서 해방시키고 동시에 그분의 부활 생명이 영생으로 들어온다. 또한 내 안에 성령이 오셔서 내가 거룩한 성전이 된다. 거기서 하나님이 축복하신다.

2. 모든 일에 주님의 인도를 받으면서 살게 하라

"너는 마음을 다하여 여호와를 신뢰하고 네 명철을 의지하지 말라 너는 범사에 그를 인정하라 그리하면 네 길을 지도하시리라."(잠 3:5~6)

> 하나님은 내가 신
> 뢰할 유일한 분이
> 시다. 하나님에 대
> 한 신뢰를 바탕으
> 로 걱정에서 해방
> 되면 더 지혜롭고,
> 더 능력 있고, 더
> 멋있는 인생을 살
> 수 있다.

이 구절은 잠언에서 가장 사랑받는 유명한 말씀이다. 우리 자녀들이 어디 있든지 하나님이 그들의 걸음을 인도해주시도록 이 말씀을 항상 기억하게 해야 할 것이다. 하나님은 세상을 창조하고 그 뜻대로 다스리신다. 세상은 결국 창조주 하나님의 뜻대로 진행된다. 그래서 성경은 "범사에 그를 인정하라"고 했다. 예수님을 구주와 주인, 왕으로 인정하라는 것이다. 매일 이렇게 고백하라.

"주님은 내 구세주이십니다. 하나님이 나를 사랑해서 아들을 주셨고 나를 구원해주신 것을 믿습니다. 주님은 내 삶의 주인이고 내 인생과 세상의 왕이십니다. 주님의 영광을 위해 저를 들어 써주시기 바랍니다."

이 고백대로 산다면 하나님이 당신과 당신 자녀들의 길을 지도하실 것이다. 하나님이 보호해 주심으로 모든 일이 합력하여 선이 될 것이다.

3. 하나님이 주시는 통찰력을 받아서 살게 해야 한다

"어떤 길은 사람이 보기에 바르나 필경은 사망의 길이니라"(잠 14:12)

때때로 나에게 좋고 바르게 보이지만 결국엔 망하는 길, 불행의 길이 있다. 인간은 본질적으로 연약한 존재다. 그래서 우리는 바른 결정을 내릴 수 있도록 하나님이 도와주시기를 구해야 한다. 분별력과 통찰력을 갖도록 기도해야 하며 이를 위해 말씀을 통해 가르치고 훈련해야 한다. 한 번의 결정이 인생 전체에 행복, 혹은 불행을 불러올 수 있다는 사실을 명심해야 한다.

4. 하나님을 신뢰하는 믿음으로 담대하게 살게 해야 한다

"너는 갑작스러운 두려움도 악인에게 닥치는 멸망도 두려워하지 말라 대저 여호와는 네가 의지할 이시니라 네 발을 지켜 걸리지 않게 하시리라."(잠 3:25~26)

꿈에 그리던 좋은 학교에 가서 공부하고 졸업하는 것은 가슴 설레는 일이다. 그러나 많은 사람들이 정작 졸업 후에는 이전처럼 자신감을 갖지 못하고 걱정 속에서 인생을 살고 있다. 하나님은 내가 신뢰할 유일한 분이시다. 하나님을 신뢰하면 두려움과 걱정이 사라진다. 하나님에 대한 신뢰를 바탕으로 걱정에서 해방되면 더 지혜롭고, 더 능력 있고, 더 멋있는 인생을 살 수 있다.

5. 말씀을 통해 성실과 부지런함을 배우는 훈련을 하게 해야 한다

"게으른 자여 개미에게 가서 그가 하는 것을 보고 지혜를 얻으라 개미는 두령도 없고 감독자도 없고 통치자도 없으되 먹을 것을 여름 동안에 예비하며 추수 때에 양식을 모으느니라 게으른 자여 네가 어느 때까지 누워 있겠느냐 네가 어느 때에 잠이 깨어 일어나겠느냐."

(잠 6:6~9)

개미에게서 어떤 지혜를 배울 수 있는가? 개미는 항상 부지런히 움직이며 겨울을 준비한다. 아주 작은 존재지만 협력해서 큰일을 이뤄낸다. 개미로부터 부지런함과 성실을 배워야 한다. 자녀들이 잠에서 깨어날 때마다 "빨리 일어나라"는 엄마의 재촉을 듣지 않게 훈련되어져야 한다. 자기 일을 미루지 말고 미리 준비토록 해야 한다. 아이들이 '나를 평생 책임져줄 사람은 아무도 없으니 반드시 스스로 준비해야 한다'는 확고한 생각을 지닐 수 있도록 하라.

성경은 게으른 자는 떡 그릇에 손을 넣고도 입으로 올리기를 괴로워한다고 했다. 주님이 은혜와 복을 주셔도 게으른 사람은 그 복을 자신의 것으로 누릴 수 없다. 게으름을 떨쳐 버려야 한다. 일의 우선순위를 정하고 사소한 것에 목매지 말아야 한다. 방향을 정해 한결같이 전진해 나가야 한다. 해야 할 일은 미루지 말고 즉시 실행하라! 말씀 가운데 지혜를 받아서 살라!

6. 섬김을 실천함으로써 좋은 이웃 관계를 만들며 살게 해야 한다

"의인이 형통하면 성읍이 즐거워하고 악인이 패망하면 기뻐 외치느니라."(잠 11:10)

참으로 중요한 말씀이다. 당신이 힘들 때 곁에서 함께 울어주고 기도해주는 사람이 몇 명이나 될 것 같은가? 내가 힘든 일을 당했을 때, 다른 사람들이 "내가 그럴 줄 알았어."라고 고소해하는 일이 생기면 안 된다. 힘든 일을 당했을 때, 모든 사람들이 자기 일처럼 안타까워하며 간절히 기도해주고 격려해 줄 수 있는 사람이 되어야 한다. 그러기 위해서는 평소 주변을 섬기며 살아야 한다.

"의인은 그 이웃의 인도자가 되나 악인의 소행은 자신을 미혹하느니라."(잠 12:26)

이 구절은 친구들을 선택할 때 적용되어야 할 아주 중요한 말씀이다. 새로운 사람들과 관계를 맺을 때 당신을 미혹하지 않을 사람을 붙여달라고 하나님께 기도해야 한다. 이웃을 섬기며 좋은 믿음의 동지들을 만들어 그들과 더불어 살아가는 사람이 될 수 있어야 한다. 좋은 벗을 사귀는 것은 인생의 소중한 복 가운데 하나다.

7. 경청함으로 지혜를 얻는 습관을 갖게 해줘야 한다

"아들들아 아비의 훈계를 들으며 명철을 얻기에 주의하라."(잠 4:1)

잘 듣는 것, 즉 경청은 너무나 중요하다. 사람들은 자기 말을 잘 들어주는 사람을 제일 좋아한다. 경청하면 말하는 사람의 사정을 이해하게 되어 그를 얻게 된다. 경청하면 지혜를 깨닫게 된다. 지혜는 하나님 말씀을 경청할 때, 부모의 교훈을 경청할 때, 주변 사람들과 친구들의 말을 경청할 때, 역사와 자연과 사건을 통해 말씀하시는 하나님의 음성을 경청할 때 생긴다. 그러므로 집중해서 경청하는 습관을 훈련해야 한다. 상대가 말하는 중간에 끼어들지 말고 끝까지 경청하라. 상대가 말하는 핵심을 이해할 수 있도록 주의 깊게 경청하라. 상대의 말 속에 담긴 감정을 이해하며 들어라. 그러면서 무엇을 도와줄 것인가를 생각하며 들어라. 그러면 결국 그 사람을 얻게 된다.

8. 감사, 칭찬, 격려할 줄 아는 사람이 되게 해야 한다

"선한 말은 꿀송이 같아서 마음에 달고 뼈에 양약이 되느니라."
(잠 16:24)

인간은 남녀노소, 인종과 민족에 상관없이 누구나 칭찬과 격려받기를 좋아한다. 일반적으로 자신의 가치와 중요성을 인정해 주는 사람과 공동체를 만나면 엄청난 능력과 잠재력을 나타낸다. 보통 사람들은 평생 자기의 잠재된 능력의 10% 정도만 사용한다. 그러나 천재는 20% 정도 자신의 잠재 능력을 계발하며 산다. 아인슈타인, 에디슨, 피카소, 처칠의 공통적인

토마스 에디슨

특징이 무엇인지 아는가? 그들은 모두 어린 시절에 저능아, 백치, 구제불능이라는 소리를 들으며 따돌림 당했다. 그러나 부모의 끝없는 격려와 칭찬, 동기부여로 결국 다른 사람들이 몰랐던 잠재된 능력을 폭발적으로 분출시켜 인류 역사에 큰 업적을 남겼다. 감사, 칭찬, 격려는 이렇게 엄청난 위력을 갖고 있다.

9. 돈보다 선한 이름을 택하는 가치관을 가르치라

10. 부모를 잘 공경함으로 축복받는 가정을 이루라

11. 하나님이 주신 현숙한 배우자를 만나라

12. 거룩하고 성결하게 자기 몸과 마음을 관리하라

> 우리 자녀들을 위해 정말로 필요한 교육은 신앙교육, 말씀교육, 전인격적 영성교육, 지혜교육, 비전교육이다.

9번부터 12번까지는 더 이상 설명할 필요도 없이 중요한 내용들이다. 이 12가지는 모두 성경이 강조하고 있는 자녀교육 방법이다. 부모와 교회학교 교사들이 말씀 중심으로 자녀와 아이들을 양육할 수 있도록 서로 협력해야 한다. 이제는 가정에서만 교육을 담당할 수 없다. 하나님 말씀의 방향과 큰 틀은 교회에서 가르쳐줘야 한다. 가정교육 못지않게 교회교육도 너무나 중요하다.

에드워드 킴벨이란 교회학교 교사가 있었다. 그는 자기 반 아이들이 예수님의 은혜를 확실히 알고 체험하기 원했다. 그래서 토요일마다 아이들 한 명씩 집으로 찾아가 말씀을 전하며 구원받았는지를 점검했다. 하루는 학교를 포기하고 삼촌의 구둣방에서 일하는 한 아이를 찾아가 복음을 전했다. 구둣방 작업실에서 그 아이는 예수님을 구주로 영접했다. 후에 그 아이는 수백만 명의 사람들에게 복음을 전한 위대한 전도자가 되었다. 바로 D.L.무디다. 무디는 전도대회 때마다 자신의 극적인 변화에 대해 말하면서 "성경은 정보를 위한 책이 아니라 변화를 위한 책"이라고 강조했다. 놀라운 변화와 구원의 역사가 킴벨이란 교회학교 교사가 전한 말씀을 통해 시작된 것이다. 킴벨은 하나님의 은혜를 체험한 사람이었다. 그래서 주일학교 교사로 자원했고 주님을 사랑하듯 아이들을 사랑하며 복음을 전했다.

그러나 그 스스로도 주일학교 아이들을 성심껏 가르치는 것이 그렇게 엄청난 결과를 가져올 것이라는 사실을 알지 못했을 것이다. 무디를 통해 수많은 사람들을 구원에 이르게 하는 일에 자신이 쓰임 받았다는 것을 어떻게 알았겠는가? 비록 그는 자신이 행한 일의 결과를 알 수 없었지만 하나님은 그를 귀하게 사용하셨다. 무디가 있기 전에 한 아이의 영혼을 위해 복음을 전한 킴벨이 있었다.

"마땅히 행할 길을 아이에게 가르치라 그리하면 늙어도 그것을 떠나지 아니하리라."(잠 22:6)

우리 자녀들을 위해 정말로 필요한 교육은 신앙교육, 말씀교육, 전인격적 영성교육, 지혜교육, 비전교육이다. 우리 모두 마음과 힘을 모아서 조국과 디아스포라 한인교회에서 하나님 나라를 위해 쓰임 받을 귀한 영향력 있는 인재들을 키워내기를 소망한다.

13

개미에게라도
지혜를 배워라

"땅에 작고도 가장 지혜로운 것 넷이 있나니 곧
힘이 없는 종류로되 먹을 것을 여름에 준비하는
개미와 약한 종류로되 집을 바위 사이에 짓는
사반과 임금이 없으되 다 떼를 지어 나아가는
메뚜기와 손에 잡힐 만하여도 왕궁에 있는
도마뱀이니라."

(잠 30:24~28)

지혜의 왕 솔로몬은 현재 환율로 5000억 달러가 넘는 비싼 성전을 건축해 하나님께 바쳤다. 그는 놀라운 사상가요, 철인이며, 대문학가요, 저술가요, 뛰어난 왕이었다. 솔로몬은 6개의 이름을 지녔다. 1) '평강의 왕' 솔로몬 2) '여호와가 사랑하는 자'란 뜻의 여디디아 3) 경건한 야게의 아들 4) '모으는 자'란 뜻의 아굴 5) '하나님을 위하여'란 뜻의 르므엘 6) 뜻을 파악하기 힘든 코헬렛(Koheleth). 잠언 30장 1절에 '야게의 아들 아굴의 잠언'이라고 기록되어 있는데 이는 잠언 30장도 솔로몬의 잠언임을 강조하는 것이다.

영국의 제임스 왕(킹 제임스)은 성경을 번역한 귀한 믿음의 사람이었다. 그는 작은 죄에도 민감했던 엄한 왕이었다. 한번은 암스트롱이라는 좀도둑이 양을 훔치다 붙잡혀 사형선고를 받았다. 그런데 암스트롱은 사형을 피하기 위한 한 가지 지혜를 떠올렸다. 그는 간수를 불러 말했다. "저는 어차피 죽을 몸이니 마지막으로 성경을 한 번 읽은 후에 죽고 싶습니다. 저의 뜻을 왕에게 전해주십시오." 제임스 왕은 그 소식을 듣고 말했다. "참 기특한 죄인이로다. 그에게 성경을 줘라. 그리고 성경을 다 읽은 후에 사형을 집행하라." 암스트롱은 그날부터 성경을 읽기 시작했다. 그런데 1년이 지나도 그에 대한 사형은 집행될 수 없었다. 왜냐하면 그는 하루에 딱 한 절씩만 성경을 읽고 묵상했기 때문이다. 제임스 왕은 지혜로운 그를 풀어주며 말했다. "집에 가서 성경을 계속 읽어라." 매일 말씀을 묵상한 암스트롱은 새사람이 되어 평생 이웃을 섬기며 살았다고 한다. 순간 떠오른 지혜가 그를 살린 것이다. 지혜는 죽을 자도 살리고, 불가능도

가능하게 하고, 약한 자도 강하게 만들어 준다.

잠언 30장 24절에 "땅에 작고도 가장 지혜로운 것 넷이 있다"고 기록되어 있다. 생각할수록 참 중요한 말씀이다. 나는 지금 비록 작고 약할지라도 지혜를 가지면 가장 강하며 능력 있고 존귀한 삶을 살 수 있다는 것이다. 성경은 '약하지만 지혜로운 네 종류의 생물'을 예로 들며 이 땅의 약하고 작은 사람들을 격려해주고 있다.

1. 미리 준비하며 사는 개미의 지혜를 배워라

"곧 힘이 없는 종류로되 먹을 것을 여름에 준비하는 개미와"(잠 30:25)

개미는 아주 작다. 어떤 개미는 너무 작아 보이지도 않는다. 이렇게 작고 약한 개미지만 천지창조 이후 지금까지 땅에서 멸종되지 않고 잘 살고 있다. 그것도 강자와 부자로 잘 살고 번성하고 있다. 작은 개미들이 어떻게 무수한 세월의 변화에도 상관없이 잘 살고 번성할 수 있나?

1) 준비하는 지혜가 있기 때문이다

결코 '약하다, 어렵다, 없다, 안된다'며 실망하고 낙심하지 말기 바란다. 나에게 재주가 없고, 힘과 재산이 부족할지라도 개미처럼 준비하는 지혜가 있으면 성공할 수 있다. 잔꾀 부리지 않고 열심히 준비하면 된다. 아이큐(IQ)가 아무리 좋은 사람일지라도 노력하는 사람을 이길 수 없다.

2) 지속하는 지혜가 있기 때문이다

IQ가 좀 부족해도 지속해서 반복하면 머리 좋은 자를 이길 수 있다. 아리스토텔레스는 "사람은 반복하는 것으로 증명되는 존재다. 한 사람의 우수성은 한 번의 행동이 아니라 반복되는 습관에 달려있다"고 말했다. 맞는 말이다. 반복을 통해 인격과 능력이 만들어진다. 반복이 사람을 강하게 만들지만 대부분의 사람들은 반복하기를 싫어한다. 그러나 세상의 명인과 달인, 뛰어난 선수, 탁월한 장군들은 모두 반복적인 훈련을 통해 만들어졌다. 꽈배기 달인, 스시 달인을 비롯해 하루에 4천개의 볼을 치는 골프 선수들은 '반복의 비밀'을 터득한 사람들이다.

신앙생활도 마찬가지다. 기도와 말씀, 찬송, 봉사도 반복해야 잘할 수 있다. 전도도 반복적으로 지속해야 열매를 거둘 수 있다. 비록 능력이 부족하더라도 미리 준비하며 지속적으로 반복하는 지혜의 사람이 되어야 한다.

3) 종말을 미리 보고 준비하는 지혜다

개미는 장마철과 겨울철을 미리 준비한다. 개미에게 장마는 잠시 지나가는 고난이지만 긴 겨울은 영원처럼 느껴질 혹독한 고난이다. 일 년 내내 겨울이라는 혹독한 시즌을 준비하는 개미는 '종말론적인 전망'을 지니고 산다고 할 수 있다. 당신은 개미처럼 종말의 날을 준비하고 살고 있는가? 당신은 장차 '주님 앞에 어떤 모습으로 설 것인가'를 생각하며 준비하며 살고 있는가?

4) 공동체를 세워주는 지혜다

보통의 개미는 6개월~1년을, 여왕개미는 5~10년 정도 산다. 혹한의 겨울이 오기 전에, 장마철 여름이 오기 전에 죽는 개미들이 대부분이다. 그럼에도 자신은 죽더라도 후손을 위해 철저히 준비한다. 정말 공동체를 위한 이타적인 행동이 아닌가? 우리는 자녀들을 비롯해 믿음의 다음 세대를 위해 준비하며 살아야 한다. 한국교회는 현재 상태의 유지에만 연연하다가 어린이, 학생, 청년 등 다음세대를 잃어버렸다. 이래선 미래가 없다. 한국교회라는 공동체의 유지, 발전을 위해 개미처럼 희생하며 준비하는 사람들이 필요하다.

개미처럼 미리 준비하는 지혜를 갖고 작은 것이라도 중단하지 않고 지속해야 한다. 다가오는 영원을 준비하며 살아야 한다. 우리 후대의 번영을 위해 지금 준비해야 한다. 가장 중요한 준비는 예수님을 구주와 주인, 왕으로 믿고 지금 이 땅에서 천국을 누리며 사는 것이다. 그리고 영혼 구원을 위해 복음을 전하며 사는 것이다.

"땅의 티끌 가운데에서 자는 자 중에서 많은 사람이 깨어나 영생을 받는 자도 있겠고 수치를 당하여서 영원히 부끄러움을 당할 자도 있을 것이며 지혜 있는 자는 궁창의 빛과 같이 빛날 것이요 많은 사람을 옳은 데로 돌아오게 한 자는 별과 같이 영원토록 빛나리라."(단 12:2~3)

부디 영원한 수욕과 저주에 떨어지지 말기 바란다. 그저 영생 얻는 것으로 만족하지 말고 지혜자로 살아 궁창의 빛처럼 빛나며 많은 사람을 영생 얻는 길로 돌아오게 함으로써 별처럼 영원히 빛나는 존재가 되기 바란다. 복음 전도는 작아보여도 가장 위대한 일이다. 말씀을 믿으며 중단하지 말고 계속해 나가야 한다.

2. 반석 사이에 집을 짓는 사반의 지혜를 배워라

"약한 종류로되 집을 바위 사이에 짓는 사반과"(잠 30:26)

사반은 팔레스타인 지방에서 떼를 지어 서식하는 토끼와 비슷한 약한 동물이다. 연약하지만 바위틈에 집을 지어 자기를 보호하는 영리한 짐승이다. 지금 내가 작고, 힘없고, 약하다고 실망할 필요가 없다. 지혜를 갖고 살면 된다. 지혜를 주시는 하나님께 참된 지혜를 구하기 바란다.

"너희 중에 누구든지 지혜가 부족하거든 모든 사람에게 후히 주시고 꾸짖지 아니하시는 하나님께 구하라 그리하면 주시리라."(약 1:5)

나는 몸이 약해 공부할 기회를 놓쳤다. 그러나 거기에 주저앉지 않았다. 하나님을 믿고 기도하면서 나의 약함이 사라지며 점점 강해지는 것을 체험했다. 하나님이 천지를 창조하실 때 코끼리와 소에겐 강한 힘을, 사자에겐 강한 이빨을, 독수리에겐 날개를, 거북이에겐 갑옷을, 오리에겐 수영 실력을, 양에겐 털옷을 주셨다. 그러나 사람은 벌거숭이요 맨손으로 창조되었다. 외면적으로는 아무것도 없는 것처럼 보인다. 그러나 하나님이 사람에게는 더 크고 귀한 것을 주셨는데 그것이 바로 지혜다. 사람에게 주신 지혜 중 가장 뛰어난 지혜는 하나님을 경외하는 지혜다. 하나님이 모든 것을 가지신 분이기에 그 하나님을 아버지로 모시면 하나님의 소유가 내 소유가 된다. 믿는 사람들은 이 지혜를 가졌다. 사반처럼 약해도 나를 지으시고 다스리시는 하나님의 지혜를 빌면 강해진다. 그래서 우리는 하나님께 지혜를 구해야 한다. 지혜란 관점에서 사반을 통해 무엇을 배울 수 있는가?

1) 자기 약함을 인정하는 것이 지혜다

사반은 자기를 과신하지 않고 약함을 인정한다. 내 힘으로는 나를 지킬 수 없다고 인정하는 것이다. 베드로는 자신만만했던 장소였던 바다에서 무너졌다. 인간은 베드로처럼 자신이 가장 자신 있다고 과신하는 곳에서 벽에 부딪힐 것이다. '내가 별 것 아니구나'라고 고백할 때, 하나님이 개입하신다. 그 순간, 하나님을 경외하는 지혜를 배우게 된다. 언제까지 자기 약함을 인정하지 않고 살겠는가?

2) 삶의 거처를 강한 곳에 두고 사는 지혜다

사반은 자기 약함을 알고 반석에 집을 짓고 살아간다. 사반이 집을 짓는 반석은 무엇을 상징하는가?

"누구든지 나의 이 말을 듣고 행하는 자는 그 집을 반석 위에 지은 지혜로운 사람 같으리니 비가 내리고 창수가 나고 바람이 불어 그 집에 부딪치되 무너지지 아니하나니 이는 주추를 반석 위에 놓은 까닭이요"
(마 7:24~25)

반석에 집을 짓는다는 것은 말씀을 삶의 기준으로 삼는다는 것이다. 내 소견대로만 살거나 세상 이익만 따라가선 안 된다. 말씀의 반석에 집을 지어야 한다.

3. 뭉치고 연합하는 메뚜기의 지혜를 배워라

"임금이 없으되 다 떼를 지어 나아가는 메뚜기와"(잠 30:27)

메뚜기는 보잘 것 없는 곤충이다. 그러나 단합하면 엄청난 위력을 발휘한다. 메뚜기 떼가 지나가는 자리에는 남은 생명체가 존재할 수 없을 만큼 초토화된다. 메뚜기 재앙은 참으로 무섭다. 메뚜기 한 마리는 정말 보잘 것 없지만 연합한 메뚜기는 사람과 동물, 식물을 멸절시킬 위력을 갖고 있다.

1) 메뚜기는 뭉치고 단합하는 지혜를 갖고 있다

혼자는 약하지만 함께 하면 강하다. 우리 믿음의 사람들도 메뚜기처럼 뭉치는 지혜를 지녀야 한다. 불교와 천주교에는 종정과 교황 등 최고 수장이 있다. 그러나 기독교에는 수장이 없다. 임금은 없지만 메뚜기처럼 단합해 떼 지어 나가면 세상을 이길 능력이 나타난다. 예수님을 왕으로 섬기며 말씀을 중심으로 하나가 되면 된다. 성령이 하나 되게 하신 것을 힘써 지켜야 한다.

나는 복음을 전하러 집회에 갈 때마다 감사하지 않을 수 없다. 나를 위해 교역자들은 물론 장로님들과 안수집사님들, 권사님들, 집사님들과 성도님들이 모두 더욱 단합하여 기도하는 것을 보며 감격하며 감사한다. 성도들이 슬픔을 당한 교회 지체들과 함께 하는 모습을 볼 때에 감사한다. 믿음으로 단합하면 능력과 기적이 발휘된다.

2) 성령이 하나 되게 하신 것을 힘써 지켜야 한다

메뚜기는 수장이 없지만 어떤 교감을 통해 하나 되어 떼를 지어 나간다. 연합하기 위해선 그 '어떤 교감'이 필요하다. 우리는 어떤 교감으로 하나가 될 수 있는가? 성령의 감동으로 하나가 되어야 한다. 우리가 성령의 세례를 받아 예수님께 접붙여질 때 모두가 예수님의 몸 된 교회의 지체가 되는 것이다. 성령이 하나 되게 하신 것을 힘써 지켜야 한다. 성령의 은혜는 함께 하는 은혜다.

일본에 이런 격언이 있다. '함께 가면 빨간불도 파란불이 된다.' 연합하면 기적이 일어난다. 우리는 부족한 존재들이어서 실수하며 갈등할 때도 많지만 성령의 힘에 의지해 하나가 될 수 있다. 메뚜기처럼 약해도 공동체 속에서 하나 되어 서로 세워주며 성령의 역사를 따라 나가면 위대한 능력이 나타날 것이다.

4. 왕궁에 거하는 도마뱀의 지혜를 배워라

"손에 잡힐 만 하여도 왕궁에 있는 도마뱀이니라."(잠 30:28)

손에 잡힐만하다는 것은 작고 보잘 것 없다는 말이다. 열대 지방에서 도마뱀은 집주변에 많이 서식한다. 크기가 손가락만큼 작고 독도 없어서 누구나 쉽게 잡을 수 있다. 그러나 그렇게 작고 연약한 도마뱀이 왕궁에 있다면 누구나 함부로 손댈 수 없는 존재가 된다. 도마뱀의 지혜는 무엇인가?

1) 소속을 잘 정하는 지혜다

소속의 은혜가 중요하다. 우리는 한국에 태어난 것을 감사해야 한다. 이 세상에 우리보다 더 가난한 나라가 얼마나 많은가? 북한에서 태어났다면 지금 어찌 되었겠는가? 한국과 미국에서 자유롭게 교회를 다니며 예수를 믿을 수 있는 것이 얼마나 감사한가? 복음적인 교회에 속하며 지체들과 사랑을 나눌 수 있는 것은 은혜며 축복이다.

이렇듯 인간에게는 어디에 소속되었느냐가 정말 중요하다. 신자들은 세상과 마귀와 이단에 속하지 않고 하나님께 속해야 한다. 세상 죄를 멀리하고 포도나무인 예수님께 붙어서 많은 열매를 맺어야 한다. 예수 안에 살면 나는 안전하며 하나님의 사랑을 받고 가장 좋은 것으로 채움 받는다.

2) 모든 것이 보장된 왕궁에 속하는 지혜다

도마뱀 입장에서는 늘 잔치가 펼쳐지는 왕궁엔 파리나 모기 등 먹을 것이 많다. 왕궁에 있으니 칼을 들고 해할 자도 없다. 도마뱀에게 왕궁은 먹을 것과 안전이 보장된 곳이다. 도마뱀은 자신을 아무데나 두지 않는다. 지혜롭다. 인간의 눈에는 정말 보잘 것 없지만 도마뱀은 자기를 귀하게 여길 줄 안다.

우리는 하나님 왕궁에 있어야 할 존재다. 참 신자는 자기를 함부로 아무데나 두지 않는다. 말과 행동도 함부로 하지 않는다. 자신을 귀하게 여길 줄 알고 예수 안에서 자기 확신이 있어야 한다. 다른 사람 눈에는 보잘 것 없이 보일지라도 나 스스로는 예수님을 마음에 모신 자로서의 당당함을 지녀라! 자신을 귀하게 여기라! 나는 내 것이 아니라 하나님의 것이다. 내가 나를 함부로 여기면 나에게 임할 복이 사라진다. 교만해도 된다는 것이 아니라 세상에 함부로 던져지는 존재가 되지 말라는 것이다. 다니엘처럼 어떤 환경에 처하더라도 무너지지 않아야 한다. 이렇게 고백하자. "나는 여호와 보시기에 존귀한 자다." "나는 세상의 평가가 아니라 하나님의 평가에 따라 사는 존재다." "나는 비록 지금은 땅에서 살지만 언젠가 하늘에서 살게 될 하나님 나라의 백성이며 왕 같은 제사장이다." 예수 믿는 자로서 우리는 자만심이 아니라 자긍심을 갖고 살아야 한다.

크리스천들은 약한 자 같으나 귀하고 부한 자로 산다. 그것이 크리스천들의 지혜다. 신자들은 겉으로 보기보다 훨씬 강한 영력과 능력을 갖고 사는 존재다. 왜냐하면 만군의 하나님이 함께 하시기 때문이다. 영의 힘, 믿음의 힘으로 사는 사람들이 가장 강한 자들이다. 세상을 이기는 힘은 믿음이다. 크리스천들은 믿음으로 세상을 이기는 자들이다. 영적 자부심과 자존감을 갖고 당당하게 이 세상을 이기며 살아가자!

14

당당한
사자처럼
살아라

"잘 걸으며 위풍 있게 다니는 것 서넛이 있나니
곧 짐승 중에 가장 강하여 아무 짐승 앞에서도
물러가지 아니하는 사자와 사냥개와 숫염소와 및
당할 수 없는 왕이니라."
(잠 30:29~31)

잠언 30장 29~31절은 참 특이한 말씀이다. '왜 이런 말씀이 성경에 있는가?'라고 생각할 수도 있다. 이 구절은 사자와 사냥개, 숫염소의 걸음걸이와 모습을 말하고 있다. 성경이 무슨 동물 행동연구 보고서인가? 왜 이런 특이한 내용이 성경에 들어가 있을까? 창세기부터 계시록까지 모든 성경은 영생을 주는 구원의 말씀이다. 의미 없이 그냥 쓰인 말씀은 하나도 없다. 잠언 30장 29~31절에도 분명 어떠한 영적 메시지가 있을 것이다. 어떤 메시지인가?

'잘 걸으며 위풍 있게 다니는 것'이란 말은 당당하고 담대하게 사는 것을 뜻한다. 목표가 정해지면 반드시 그 목표를 성취하는 추진력을 갖고 사는 것이다. 일단 뜻을 정하면 눈치 보지 않고 앞장서 나가며 결코 뒤로 물러서지 않는다. 높은 곳으로 올라가 매력 있고 능력 있게 산다. 전능하신 하나님은 당신의 자녀인 우리가 당당하고 멋지게 살기를 원하신다. 그럼 어떻게 당당하고 멋지게 살 수 있는가?

1. 사자처럼 담대하고 당당하라

"짐승 중에 가장 강하여 아무 짐승 앞에서도 물러가지 아니하는 사자와"(잠 30:30)

사자는 '백수의 왕'으로 불린다. 사자는 누구 앞에서도 당당하고 용맹하다. 사자는 동물 중 가장 강하다. 그래서 어떤 짐승이 오더라도 제 길을 바꾸지 않는다. 몸집이 크고 키가 커서 강한가? 그렇지 않다. 덩치는 코끼리를, 키는 기린을 당할 수 없다. 사실 사자는 소보다도 몸집이 작다.

그렇다면 사자의 강함은 어디서 오는 것일까? 잘 먹고 잘 훈련받아서 그런가? 꼭 그렇지 않다. 고양이가 아무리 많이 먹고 훈련을 받는다 해도 사자처럼 될 수 없다. 사자가 강한 것은 사자로 태어나서 사자로 자랐기 때이다. 사자의 강함과 당당함의 비결은 출생이다. 즉 백수의 왕인 사자의 유전인자를 받아 태어났기에 강한 것이다.

영적인 차원에서 이 점은 아주 중요하다. 크리스천인 우리의 강함과 당당함은 어디서 나오는가? 돈이 많거나, 공부를 잘 하거나, 권세가 높으면 당당해지는 것인가? 물론 그런 요인들이 있다면 잠시는 당당할 수 있다. 그러나 그런 사람들도 고난을 당하고 죽음의 문턱에 이르면 그 당당함을 유지하지 못한다. 여지없이 무너진다. 재벌도, 교수도, 심지어는 대통령을 지낸 사람도 자살한다.

그러나 하나님 자녀로 출생한 성도는 재산과 학식, 권세의 유무와 상관없이 끝까지 당당하다. 본래 당당한 존재로 출생했기 때문이다. 연약함을 인정하고 죄를 회개하며 예수를 구세주와 왕과 주인으로 영접해 하나님의 자녀로 거듭난 사람에게는 두려울 세 없다. 질병도, 죽음도, 마귀 권세도 나를 쓰러트릴 수 없다. 나는 죽어도 사는 존재다. 영원한 생명이 내게 있기 때문이다. 나의 정체성은 '전능하신 하나님의 자녀'다. 나는 예수 십자가 보혈로 모든 죄를 사함 받았다. 그 순간 모든 저주와 사망, 심판은 내게서 떠나갔다. 그러므로 당당하기 바란다. 사자처럼 당당하게 좌우로 흔들리지 않고 제 길을 걸으며 살려면 하나님의 자녀로 거듭나야 한다. 부디 죄를 회개하고 예수님을 영접하기 바란다.

"장로 중의 한 사람이 내게 말하되 울지 말라 유대 지파의 사자 다윗의 뿌리가 이겼으니 그 두루마리와 그 일곱 인을 떼시리라 하더라."(계 5:5)

다윗의 뿌리, 즉 유대지파의 사자는 뒤로 물러서지 않고 사단과 싸워 승리하신 예수님을 가리킨다. 예수님은 사단을 이기고 승리하셨다. 예수님을 따라 그분의 군사로 살아가는 우리는 주님과 함께 세상을 이겼고, 앞으로도 이길 것이다. 이것을 믿어야 한다. 예수님은 "너희는 두려워하지 말라. 내가 세상을 이겼다"고 말씀하셨다. 내 안에는 승리하신 예수님이 계신다. 나의 외면이 아니라 내면에 계시는 예수님을 항상 기억하자. 걱정과 염려가 생길 때마다 예수님을 생각하며 두려움을 버리고 당당하게 살기 바란다.

2. 사냥개처럼 후퇴하지 말고 충성하라

잠언 30장 31절에 사냥개가 나온다. '사냥개'라는 용어는 성경 전체에서 딱 한 번, 여기서만 나온다. 사냥개는 사냥감을 잡을 때까지 결코 뒤로 물러서지 않는다. 포기하지 않고 주인에게 끝까지 충성한다. 믿음의 사람은 사냥개처럼 뒤로 물러서지 않고 목표를 향해 끝까지 달려가는 불굴의 정신을 지녀야 한다.

세상에선 조금만 힘들고 부담스러우면 이 핑계 저 핑계 대며 뒤로 빠지는 사람들이 너무나 많다. 그러나 참된 믿음의 사람은 주님이 주신 목표를 향해서 충성하며 나아간다. 성도들은 일단 기도한 목표는 문제가 있어도 결코 뒤로 돌이켜서는 안 된다. 주님은 "쟁기를 잡고 뒤를 돌아보는 자는 내게 합당치 않다"고 말씀하셨다. 우리는 주님이 주신 목표와 비전에 도달할 때까지 전진하며 충성해야 한다.

사냥개는 주인과 함께 사냥터로 가면 앞장서 꼬리를 흔들며 달려간다. 귀를 쫑긋 세우고 앞으로 돌진하는 사냥개의 모습은 정말로 멋있다. 우리 역시 사냥개처럼 멋지게 충성해야 한다. 전능하신 하나님이 나의 주인이시며 성령님이 나를 도와주신다. 그러니 험산준령이 앞을 가로 막는다 하더라도 뒤로 후퇴할 이유가 하나도 없다.

사냥개는 탁월한 조련사로부터 전진하고, 포위하고, 협력하며, 공격하는 방법을 훈련받는다. 우리도 더 강해지려면 영적으로 훈련받아야 한다. 양육반과 제자반, 그림일대일 사역훈련을 받다보면 더욱더 강해진다.

3. 숫염소처럼 앞서가고 올라가라

숫염소의 특징은 앞서간다는 것이다.

"너희는 바벨론 가운데에서 도망하라 갈대아 사람의 땅에서 나오라 양 떼에 앞서가는 숫염소 같이 하라."(렘 50:8)

숫염소는 끌려가지 않고 항상 앞서가는 특성을 갖고 있다. 우리에게 정말 필요한 특성이다. 우리도 숫염소처럼 항상 자원하는 마음으로 앞장서 나가는 정신을 가져야 한다. 그렇게 앞서가며 살려면 성령의 감동과 불을 받아야 한다. 성령충만해야 한다.

숫염소는 모험하기를 좋아한다. 즐겨 절벽 위 산 정상으로 올라간다. 믿음에는 모험적인 요소가 있다. 인간생각과 상식으로는 하나님의 뜻과 능력을 다 알 수 없기에 믿음을 갖는다는 것 자체가 모험이다. 믿음의 모험을 하며 가다보면 믿음대로 된다. 이것이 믿음이 지닌 신비다. 믿음대로 모험하며 사는 사람은 멋지다. 작은 일에 연연하지 않는다. 사소한 일에도 계산하고 주저앉아 염려하며 두려워하는 사람은 참 불쌍한 사람이다.

숫염소는 '오르는 자'란 뜻을 갖고 있다. 시편 104편 18절에는 '산양'으로 번역되어 있다. 숫염소는 낮은 계곡으로 내려가지 않는다. 늘 바위산과 높은 봉우리를 향해 올라간다. 높은 곳에 올라가 아무도 침범할 수 없는 자기 은신처에서 기쁨과 안식을 누린다. 우리는 세상을 향해 내려가지 말고 하나님을 앙망하며 높은 곳으로 올라가야 한다. 높은 곳에 오르면 세상을 '하나님의 관점'으로 바라보며 살게 된다.

이제는 '땅의 관점'을 버리라! 항상 하늘의 관점, 영원의 관점을 갖고 높은 곳을 향해 올라가며 살라!

4. 왕처럼 백성에게 희망을 주며 살라

잠언 30장 31절에 '당할 수 없는 왕'이 나온다. 29절을 원문대로 번역하면 "잘 가는 것들 셋이 있다. 그리고 가는 데 당당한 네 번째가 있다"이다. 원문은 앞의 세 가지와 네 번째 것을 구분하고 있다. 이를 통해 네 번째 나오는 것이 앞의 세 가지보다 차원이 다르게 훨씬 중요하다는 사실을 알 수 있다.

네 번째로 위엄 있는 존재는 아무도 당할 수 없는 왕이다. '당할 수 없다'는 말은 저항하고 거부할 수 없다는 뜻이다. 왕은 최정예 부대의 호위를 받으며 아무도 두려워하지 않고 위풍당당하게 간다. 왕은 신하나 백성들 앞에서 위축되지 않고 당당하다. 언제나 위엄이 있다. 전쟁터에서도 당당하게 군대를 이끌고 앞장서서 싸운다. 왕은 나라의 모든 권세를 가진 가장 높은 자이기 때문에 원하는 것은 무엇이든 다 할 수 있다. 왕은 결정하고 명령한다. 신하와 백성들은 왕의 명령을 무조건 수행해야 한다. 누구도 왕의 명령과 지시를 거부할 수 없다. 그러므로 왕은 신하들과 백성들 앞에서 항상 자신 있고 당당하게 걸어간다.

왕은 두려워하는 백성들에게 희망을 준다. 거인 골리앗의 등장으로 모두가 두려워 떨 때, 여호와의 이름으로 나가 승리한 다윗이 전

형적인 왕의 모델이다. 지도자는 백성에게 비전과 희망을 주어야 한다. 성경은 우리를 '왕 같은 제사장'이라고 했다. 하나님은 세상 모든 것을 창조하고 다스리시는 만왕의 왕이시다. 세상의 모든 왕들을 세우시고 다스리시는 왕 중의 왕이시다. 그 누구도 하나님을 막거나 거역할 수 없다. 하나님을 거역하고 불순종하는 자는 반드시 큰 책망을 받으며 어려움을 당한다. 우리 성도들은 이렇게 위대한 왕이신 하나님의 백성이며 그분의 자녀로서 왕권을 가진 존재다. 그러므로 하나님을 의지하고 당당하게 이 땅을 살아가면 된다.

믿는 사람은 누구 앞에서도 위축될 필요가 없다. 가장 높으신 하나님이 우리 아버지며 우리의 왕이시다. 그러므로 세상에서 위축되지 말고 왕의 자녀답게 왕 같은 제사장으로 당당함을 갖고 살아 나가자. 더 이상 세상에 끌려가지 말고 세상을 리드하며 사람들을 하나님 나라로 이끌어가자. 우리가 우리 신분을 분명히 알고 믿음으로 살아갈 때, 우리는 세상에서 승리자로 당당하게 살 수 있다.

하나님 자녀로 거듭났으니 당당하게 살자!
성령이 나를 다스리시니 거룩하신 예수님을 닮아가면서
신바람 나게 살자!
예수님처럼 섬기면서 멋지게 살자!

이렇게 사는 당신은 정말 멋진 하나님의 사람이다.

15

지혜, 명철, 슬기라는
삼총사를 대동하고 살라

"다윗의 아들 이스라엘 왕 솔로몬의 잠언이라 이는
지혜와 훈계를 알게 하며 명철의 말씀을 깨닫게 하며
지혜롭게, 공의롭게, 정의롭게, 정직하게 행할 일에
대하여 훈계를 받게 하며 어리석은 자를 슬기롭게
하며 젊은 자에게 지식과 근신함을 주기 위한 것이니
지혜 있는 자는 듣고 학식이 더할 것이요 명철한 자는
지략을 얻을 것이라 잠언과 비유와 지혜 있는 자의
말과 그 오묘한 말을 깨달으리라 여호와를 경외하는
것이 지식의 근본이거늘 미련한 자는 지혜와 훈계를
멸시하느니라."

(잠 1:1~7)

서부영화를 보면 인디언들이 말을 타고 엄청 빨리 달리다가 언덕을 넘으면서 잠깐 서서 뒤를 돌아보는 장면이 나오곤 한다. 왜 그럴까? 인디언들은 너무 빨리 달려서 혹시 자기 영혼이 따라오지 못하고 떨어지지 않았는지 생각하며 뒤를 돌아본다고 한다.

　　우리가 바쁘게 달려가며 일하는 것도 필요하지만 가끔은 잠시 서서 나를 돌아보는 시간을 가져야 한다. 그래야 달려온 길도 되돌아보고, 앞으로 달려갈 길에 대한 계획도 세울 수 있다. 당신이 제일 좋아하는 성경 말씀은 무엇인가? 조사에 따르면 많은 분들이 성경 가운데 잠언을 가장 좋아한다고 한다. 사실 교회에 처음 나온 사람들도 금방 이해하는 것이 잠언이다. 불신자들도 잠언이 지혜를 준다

말 타고 이동하는 인디언들 그림

며 즐겨 읽는다. 그러나 앞서 누차 반복해서 말했듯이 잠언은 단순히 세상지식과 인생철학, 삶의 지혜를 주는 책이 아니다. 구약과 신약에는 사람들이 예수님을 알고, 믿고, 영생을 얻게 하는 말씀이 담겨 있다. 이는 성경 속 모든 책들에서 변함없이 적용된다. 잠언 역시 마찬가지다. 잠언이 단지 인생의 처세술을 알려 주기 위해 성경 속에 들어 있겠는가? 그렇지 않다. 잠언에도 주 예수 그리스도를 믿어 영원한 생명을 얻을 수 있는 복음이 들어 있다. 그러므로 누군가 잠언을 좋아한다면 그 사람은 믿음수준이 아주 높던지 아니면 복음을 모르고 삶의 지혜나 윤리를 찾는 사람일 것이다. 잠언 1장 1~7절은 하나님이 우리에게 잠언을 주신 목적이 무엇인지 잘 알려준다.

1. 지혜와 훈계를 알아라

"이는 지혜와 훈계를 알게 하며"(잠 1:2)

우리 말 '안다'의 히브리어는 '야다'로 경험을 통해 아는 것이다. 우리는 무엇을 알아야 하는가? 바로 지혜와 훈계를 알아야 한다. 지혜란 경험을 통해 생각하고 행동하는 방법을 깨닫는 것이다. 훈계란 권위 있는 사람이 다른 사람들을 하나님 백성답게 살도록 반복해서 훈련시키는 것을 말한다. 지혜를 가졌다 할지라도 지속적으로 지혜를 갖고 사는 훈련을 받아야 한다. 지혜를 얻기 위해서는 말씀을 체험해야 한다. 이를 위해서는 훈련이 필요하다. 온전한 지혜는 주 예수 그리스도를 아는 것이다. 예수님 자체가 지혜이시다. 주님을 알고, 체험하며, 지혜이신 그분이 내주하는 가운데 살아가는 것이 신자의 삶이다. 잠언의 목적은 이 점을 알려주는 것이다.

하나님은 당신이 창조한 자녀들이 복음을 알지 못하는 어리석은 자가 아니라 거룩한 지혜를 갖고 이 땅을 정복하며 승리자로 살기 원하신다. 이 악한 세상에서 이기는 자로 살기 위해서는 어리석음이 사라지고 지혜의 영이 임해야 한다. 다른 어떤 것보다 지혜의 영을 사모해야 한다. 사모하지 않으면 어떤 것도 오지 않는다. 지혜이신 주 예수 그리스도를 갈망하는 사람들에게 지혜의 영이 임한다. 부디 이 글을 읽는 모든 분들의 인생 가운데 영원한 하늘의 지혜가 열리기 바란다.

2. 명철의 말씀을 깨달아라

"명철의 말씀을 깨닫게 하며"(잠 1:2)

지혜를 아는 것이 '경험을 통해서 좋은 지혜를 얻는 것'이라면 깨닫는다는 말은 그 지혜를 잘 살펴 삶에 적용하는 것이다. 이는 마치 수많은 보석 가운데 어떤 보석이 더 값비싼 것인지 비교해서 골라내는 것과 같다. 우리는 인생길 가면서 수많은 배움을 갖는다. '우리가 필요한 것은 이미 유치원에서 다 배웠다'란 말이 있다. 우리는 유치원 뿐 아니라 삶의 전 영역에서 배우고, 또 배운다. 그런데 배우기만 해서는 안 된다. 이미 배운 지혜와 훈계 중에서 어떤 것이 가장 귀한 것인지 묵상해서 깨닫는 것이 더욱 중요하다. 그렇게 배워 깨닫는 것만이 삶에서 적용될 수 있기 때문이다.

'명철의 말씀을 깨닫게 하여'를 원어로 살펴보면 '깨달음의 말씀을 깨닫게 하며'이다. 깨달은 말씀, 습득된 말씀 가운데 무엇이 가장 귀한 지혜인지 분별하고 깨닫는 것이 너무나 중요한데 그 분별의 도구는 바로 하나님의 말씀이다. 하나님의 말씀은 내가 믿고 꼭 붙잡아야 할 것과 내가 과감하게 버려야할 것이 무엇인지를 밝히 깨닫게 해 주신다.

'실미도'에 대한 이야기를 들어보았을 것이다. 2003년에 영화로 제작돼 천만 관객을 돌파하는 등 크게 히트했다. 영화에서 북파공작원으로 파견되기 위해 엄선된 사람들이 실미도에서 3개월 동안 죽음의 훈련을 받았다. 어느 날, 교관이 훈련생들을 모아놓고 이야기했다. "자, 나에게 좋은 소식과 나쁜 소식이 있다. 무엇을 먼저 듣겠는가?" 훈련생들은 한 목소리로 답한다. "좋은 소식 먼저요!" 그러자 교관이 말한다. "좋은 소식은 오늘 여러분이 속옷을 새로 갈아입을 수 있다는 것이다." "와~"하며 환호하는 훈련생들에게 교관은 덧붙인다. "그런데 이제 나쁜 소식을 들어야 한다. 나쁜 소식은 그 속옷을 여러분 서로가 바꿔 입어야 한다는 것이다. 서로 속옷을 바꿔 입으면 마치 속옷을 새로 갈아입는 것과 같다."

허탈한 이야기지만 나는 여기에 복음의 본질이 담겨 있다고 본다. 복음은 '좋은 소식'이다. 그런데 복음과 관련해서 좋은 소식과 나쁜 소식이 있다. 좋은 소식은 '누구든지 회개하고 예수를 믿으면 구원 받는다'는 것이다. 나쁜 소식은 '누구든지 죄를 감추고 자기합리화를 하면서 예수를 믿지 않고 거부하면 반드시 심판대에 서고 지옥의 저주를 당한다'는 것이다. 복음은 받아들이는 사람들에게 확실히 좋은 소식이지만 거부하는 사람들에게는 오히려 지옥으로 가는 나쁜 소식이 되는 것이다.

지혜는 '좋은 것을 취하고 나쁜 것을 골라서 버리는 것'이다. 지혜 중에 가장 중요한 지혜는 구원을 얻는 지혜다. 구원받지 못하면 이 세상에서 아무리 지혜롭게 살고, 아무리 영화롭게 살아도 결국은 무익하다. 모두 지옥에 떨어지는 것이다. 그러므로 인간에게 예수 믿어 구원받는 것은 단순한 일이 아니라 생사가 걸린 절체절명의 문제다.

3. 의와 공평과 정직을 갖고 다녀라

> "지혜롭게, 공의롭게, 정의롭게, 정직하게 행할 일에 대하여 훈계를 받게 하며"(잠 1:3)

> 우리는 늘 내 속에 정직한 영을 허락해 달라고 기도해야 한다. 하나님은 정직한 사람을 쓰신다. 정직한 사람의 삶은 형통할 수밖에 없다.

여기서 '받는다'는 말은 항상 몸에 지니고 다닌다는 뜻이다. 지혜의 말씀을 가볍게 다뤄서는 안 된다. 어디에 박아 놓고 가끔 꺼내 봐서는 결코 그 지혜가 인도하는 영원한 생명을 얻을 수 없다. 참 지혜이신 주님과 동행해야 하는 우리는 지혜의 말씀을 지갑이나 휴대전화처럼 항상 갖고 다니면서 기억하며 반복해서 훈련해야 한다.

지혜의 말씀의 핵심은 무엇인가? 첫째로 정의다. 하나님은 정의로우신 분이다. 그분은 순종하는 자에게 복을 주시지만 불순종하는 자들은 심판하신다. 이것은 정확한 공식과도 같다. 절대로 이 공식은 어긋나지 않는다. 그러므로 정의로우신 하나님께 순종해야 한다. 그분의 명령과 규례를 가볍게 여겨선 안 된다.

둘째로 공평이다. 공평이란 내 기준에 옳은 것이 아니라 하나님의 기준에 옳은 것이다. 하나님의 뜻대로 사는 것이 공평한 삶이다.

셋째로 정직이다. 정직이란 단어에는 '고르게 한다'는 의미가 있다. 구부러진 것 없이 평평하게 길을 닦는 것이 정직이다. 정직한 사람은 누가 보건, 보지 않건 평평하게 길을 닦는다. 결코 비난 받을 것이 없게 일을 처리 한다. 성경은 왕이 오실 때 장애물을 없애고 평평하게 만든다고 할 때, 정직이란 단어를 썼다. 마음속의 생각과 감정, 말과 행동이 울퉁불퉁해서 기복이 심하면 뭐든지 제대로 잘 될 수가 없다.

"이 율법책을 네 입에서 떠나지 말게 하며 주야로 그것을 묵상하여 그 안에 기록된 대로 다 지켜 행하라 그리하면 네 길이 평탄하게 될 것이며 네가 형통하리라."(수 1:8)

성경은 하나님 말씀을 주야로 묵상하며 지켜 행하면 길이 평탄하게 된다고 했다. 마음의 길, 감정이 흘러가는 길, 사고방식의 길, 말하는 길이 평탄해져야 한다. 고속도로에서는 길이 평탄해 차가 쑥쑥 달릴 수 있다. 그러나 비포장 지방도로는 길이 구불구불하고 잘 고르지 않아 제대로 달릴 수 없다. 고속도로가 잘 발달되어야 물류의 흐름이 원활해져 나라 경제도 부유하게 된다. 우리는 고속도로와 같이 평탄한 인생이 되어야 한다. 그러면 범사에 잘되는 역사가 일어난다. 울퉁불퉁한 길에서는 뭔가 될 듯 될 듯 하다가도 결국 되지 않는 인생을 살 수 밖에 없다. 사람의 생각과 감정, 말이 울퉁불퉁하며 비뚤비뚤한 것 없이 평탄해야 인생이 형통해진다. 그러므로 우리는 늘 내 속에 정직한 영을 허락해 달라고 기도해야 한다. 하나님은 정직한 사람을 쓰신다. 그리고 그런 정직한 사람의 삶은 형통하게 될 수밖에 없다.

4. 어리석은 자는 분별력을 가져라

"어리석은 자를 슬기롭게 하며"(잠 1:4)

'어리석은 자'는 쉽게 속아 넘어가는 자를 말한다. 분별력이 없으면 사탄과 악한 자, 육신의 정욕에 잘 속아 넘어간다. 아담과 하와는 지혜를 사용해서 분별하지 못함으로 마귀에게 속아 넘어갔다. 그 결과로 그들은 에덴동산에서 떠나야 했다. 어리석음의 대가는 너무나 컸다. 반드시 지혜로워야 한다. 말씀을 통해 지혜를 얻으면 분별력이 생긴다. 훨씬 더 신중해져 쉽게 미혹되지 않는다. 특별히 마지막 시대를 사는 요즘에 가장 필요한 가치 가운데 하나가 분별력이다. 분별력은 히브리어로 '므찌마흐'이다. 이 말은 상대방의 목적과 음모를 알아챈다는 뜻이다. 상대방이 하는 말, 도모한 일을 보면 그가 어떤 의도로 어떤 일을 하려는지 알 수 있다는 것이다.

히브리어 '므찌마흐'는 우리 말 '묻지 마'와 음이 비슷하다. 사실 뜻도 비슷하다. 지혜가 있으면 묻지 않아도 이미 숨은 목적과 음모까지 다 알아서 분별할 수 있다. 분별에는 기준이 있다. 전후좌우를 분별해야 하고 경중선후(輕重先後)를 분별해야 한다. 본질과 비본질을 구별해야 한다. 핵심과 주변을 분별해야 한다. 성령의 생각과 마귀의 유혹을 분별해야 한다. 천국과 세상나라를 분별해야 한다. 하나님 뜻과 내 욕심을 분별해야 한다.

5. 하나님을 경외하는 삶을 배워라

"여호와를 경외하는 것이 지식의 근본이거늘 미련한 자는 지혜와 훈계를

멸시하느니라.”(잠 1:7)

잠언이 기록된 목적은 이 세상 사람들에게 여호와를 경외하는 지혜를 주기 위한 것이다. 어떻게 하나님을 경외할 수 있는가? 하나님을 경외하는 삶은 하나님과 바른 관계를 갖는 데서 시작한다.

크리스천들에게 하나님은 단순히 세상의 창조주, 세상의 주관자가 아니다. 놀라운 능력을 갖고 계시기에 두려워 떨며 경배할 대상도 아니다. 물론 하나님은 세상의 창조주와 주관자이며 놀라운 능력의 소유자시다. 그러면서 하나님은 나의 아버지이시다. 나는 그런 위대하신 하나님의 자녀다. 자녀는 아버지의 성품을 닮는다. 아버지의 것이 모두 자녀의 것이다. 그러므로 우리는 하나님의 자녀로 거듭나야 한다. 내 죄를 회개하고 예수님을 구주로 영접해 믿어야 한다.

“영접하는 자 곧 그 이름을 믿는 자들에게는 하나님의 자녀가 되는 권세를 주셨으니”(요 1:12)

크리스천들은 이렇게 관계가 변화되고 여호와 하나님을 경외하며 사는 삶을 점점 배워야 한다. 하나님을 경외하는 것은 예배만으로 되는 것이 아니다. 삶을 통해서 믿는 형제들과 믿지 않는 이웃들, 더 나아가 하나님이 지으신 모든 만물들, 즉 동식물은 물론 땅과 바다와 하늘과도 바른 관계를 맺어야 한다. 위로는 하나님을 경배하고, 옆으로는 이웃과 사랑하며, 아래로는 모든 만물을 비롯해 물질과도 바른 관계를 맺고 살아가는 것이다. 이렇게 바른 관계가 맺어진 그곳이 하나님의 나라다. 그 나라에서 우리는 하나님이 지으신 모든 만물을 왕이신 하나님의 뜻대로 다스리며 관리한다.

이것이 경건의 근본이다. '높은 단계로 가는 첫걸음'이란 뜻이다. 하나님을 경외함으로 하나님을 아는 지혜가 더욱 높아져 궁극적으로는 왕권의 높은 수준으로 올라가기를 소망해야 한다. 평생 하나님을 알아가고, 하나님의 나라를 체험하며 사는 것이 곧 영생이다.

"영생은 곧 유일하신 참 하나님과 그가 보내신 자 예수 그리스도를 아는 것이니이다."(요 17:3)

하나님과 동행하며 하나님을 체험하고 더 깊이 알아가는 것이 영생이다. 말씀대로 하나님을 더 알아가며 체험하기 위해 우리의 모든 자원을 사용하자. 그 하나님을 전하기 위해 헌신하자.

그런데 어리석은 자는 이 지혜를 멸시한다. 어리석은 자는 단순히 머리가 나쁜 자가 아니다. 오히려 그들은 세상에서 보통사람보다 더 똑똑하다. 그들은 돈도 더 잘 벌고, 더 높은 자리로 올라가려는 욕망도 강하다. 그럼에도 가장 중요한 하나님을 인정하지 않고 하나님의 말씀 듣기를 싫어한다. 이것이 정말 어리석은 것이다. 어리석은 자는 예배드리기를 싫어한다. 설교나 성경공부가 길다고 불평한다. 모이면 남의 흉을 보거나 세상 정치 이야기를 하고 취미 생활을 하며 시간을 보낸다. 이런 사람에 대해 하나님은 단정적으로 말씀하신다. "너는 어리석은 자다!" 분명한 점은 어리석은 자는 그 마음에 하나님 두기를 싫어한다는 것이다. 성경 말씀은 일점일획도 정확하지 않은 것이 없다.

> 우리는 하나님을 경외함으로 하나님을 아는 지혜가 더욱 높아져 궁극적으로는 왕권의 높은 수준으로 올라가기를 소망해야 한다.

　요즘 북한 청년들이 제일 좋아하는 노래는 남한 노래인 '총 맞은 것처럼'이라고 한다. 통제국가에 사는 그들도 사랑의 아픔을 즐겨 노래하는 모양이다. 남한의 노래와 드라마를 많이 듣고 보다보니 그들도 변하고 있다. 북한 장년들이 제일 좋아하는 노래는 '야~야~야~ 내 나이가 어때서'라고 한다. 그들은 그 노래를 들으며 "내 나이가 어때서, 탈북하기 딱 좋은 나이인데"라고 자조 섞인 어조로 내뱉는다는 것이다. 조사에 따르면 북한 주민의 80%가 한국 드라마를 본다. 남한의 노래와 드라마를 듣고 보면서 그들은 변하고 있다. 보고 듣는 것이 참으로 중요하다. 하나님의 자녀인 우리 역시 하나님의 말씀을 계속 보고 듣다보면 하나님의 사람으로 변하게 되어 있다. 중요한 것은 지혜와 분별력을 지녀야 한다는 점이다. 어떤 경우에도 하나님을 알고 그분을 체험해야 한다. 그러기 위해서는 항상 축복의 말씀을 들을 수 있는 '경청의 사정권' 안에 있어야 한다.

예수님이 세상에 오셔서 처음 외치신 말씀은 "회개하라, 천국이 가까웠느니라"였다. 예수님이 오시자 이 땅에 천국이 임하게 되었다. 사실 예수님이 곧 천국이다. 예수님은 하나님 나라의 왕이시기 때문이다.

"예수께서 온 갈릴리에 두루 다니사 그들의 회당에서 가르치시며 천국 복음을 전파하시며 백성 중의 모든 병과 모든 약한 것을 고치시니"(마 4:23)

예수님은 이 땅에 오셔서 세 가지 사역을 하셨다. 먼저 가르치셨다. 잠언에서 솔로몬 왕이 자녀들을 가르친 것처럼 만왕의 왕이신 예수님이 이 땅에서 제일 처음 하신 일이 가르치신 것이다. 예수님은 하나님 나라의 왕으로서 분별력 없이 마귀에게 속아 비참하게 살고 종국에는 멸망당할 운명인 자신의 백성들을 가르치며 깨우셨다. 예수님은 하나님의 약속과 예언의 말씀을 풀어서 누구도 알아듣기 쉽게 가르치셨다. 그분은 하나님의 뜻과 지혜를 가르치셨다.

그러나 그것으로만 그치지 않았다. 예수님은 담대하게 천국 복음을 전파하셨다. 가르치는 교육만으로는 사람이 변화될 수 없다. 사람은 구원이 필요한 죄인이기 때문이다. 그래서 복음을 들어야 한다. 복음을 받아들이며 회개하고 예수님을 영접해 거듭나야 한다. 교육도 중요하지만 복음을 전하는 것은 더욱 중요하다.

내가 죄인인 것을 깨닫고 회개하며 십자가에서 내 모든 죄를 담당하고 죽으신 예수님, 나의 옛사람을 십자가에서 죽이신 예수님을 영접해야 한다. 성경은 주 예수를 영접하면 하나님의 자녀가 되는 권세를 주신다고 했다. 그러면 하나님을 아버지라고 부르며 날마다 하나님과 동행하게 된다. 매 순간마다 하나님을 체험하며 그의 거룩한 지혜와 능력으로 승리하며 풍성한 삶을 살게 되는 것이다. 크리스천들은 그렇게 살아야 한다. 그 풍성한 삶에 대한 갈망을 버려서는 안 된다. 우리는 그저 생존하기 위해서만 이 땅에 태어나지 않았다. 하나님의 자녀로서 우리는 풍성한 삶을 누릴 권리가 있다.

지혜와 분별력을 갖고 하나님을 경외하며 천국을 누리며 승리하자!

16

구세주, 왕, 주인을
모시고 살라

"내 아들아 나의 법을 잊어버리지 말고 네 마음으로
나의 명령을 지키라 그리하면 그것이 네가 장수하여
많은 해를 누리게 하며 평강을 더하게 하리라 인자와
진리가 네게서 떠나지 말게 하고 그것을 네 목에 매며
네 마음판에 새기라 그리하면 네가 하나님과 사람
앞에서 은총과 귀중히 여김을 받으리라 너는 마음을
다하여 여호와를 신뢰하고 네 명철을 의지하지
말라 너는 범사에 그를 인정하라 그리하면 네 길을
지도하시리라 스스로 지혜롭게 여기지 말지어다
여호와를 경외하며 악을 떠날지어다 이것이 네 몸에
양약이 되어 네 골수를 윤택하게 하리라 네 재물과
네 소산물의 처음 익은 열매로 여호와를 공경하라
그리하면 네 창고가 가득히 차고 네 포도즙 틀에 새
포도즙이 넘치리라."

(잠 3:1~10)

중국의 조폭 두목이자 7조원의 재산으로 전 세계 부자 랭킹 148위에 올랐던 쓰촨성의 한룽 그룹 류한 회장은 2014년 경쟁자 8명을 살해하는 등 11개의 죄목으로 조직원 4명과 함께 사형을 당했다. 집행관이 사형집행을 위해 그의 어깨를 잡자 그는 갑자기 펑펑 울면서 이런 말을 남겼다고 한다. 49세의 젊은 나이에 형장의 이슬로 사라진 그가 남긴 마지막 말은 중국은 물론 전 세계 사람들에게 울림을 줬다. 다소 길지만 전체를 옮긴다. 인생에 대해 깊은 성찰을 준다.

다시 한 번 인생을 살 수 있다면

노점이나 작은 가게를 차리고

가족을 돌보면서 살고 싶다.

내 야망과 인생, 모든 게 잠깐인 것을,

그리 모질게 살지 않아도 되는 것을,

바람의 말에 귀를 기울이며

물처럼 그냥 흐르며 살아도 되는 것을,

악 쓰고 소리 지르며

악착같이 살지 않아도 되는 것을,

말 한마디 참고 물 한 모금 먼저 건네주며

잘난 것만 재지 말고 못난 것도 보듬으면서

거울 속의 자신을 바라보듯이

서로 불쌍히 여기며 원망하고 미워하지 말고

용서하며 살 걸 그랬어.

세월의 흐름 속에서 모든 게 잠깐인 '삶'을 살아간다는 것을,

흐르는 물은 늘 그 자리에 있지 않다는 것을,

왜 나만 모르고 살았을꼬?

낙락장송은 아니라도

그저 잡목림 근처의 찔레나무가 되어 살아도 좋았을 것을,

근처에 도랑물과 시냇물 졸졸거리는

물소리를 들으며 살아가는

그냥 한 그루 소나무가 되면 그만이었던 것을,

무엇을, 얼마나 더 부귀영화를 누리겠다고

그동안 아등바등 살아 왔는지 몰라.

사랑도 예쁘게 익어야 한다는 것을,

덜 익은 사랑은 쓰고 아프다는 것을,

예쁜 맘으로 기다려야 한다는 것을,

젊은 날에 나는 왜 몰랐는지 몰라.

감나무의 홍시처럼

내가 내 안에서 무르도록

익을 수 있으면 좋겠다.

아프더라도

겨울 감나무 가지 끝에 남아 있다가
마지막 지나는 바람이 전하는 말이라도
들었으면 좋았을 것을….

대 재벌에서 사형수가 된 40대의 류한은 죽기 전에 인생을 깨닫고 갔다. 그가 남긴 마지막 말은 구구절절 옳지만 정말 아쉬운 것은 그런 극단적인 상황이 오기 전에 그 교훈을 깨닫지 못했느냐는 점이다.

누구나 인생을 살면서 세 가지를 깨닫고 인정해야 한다. '인간은 반드시 죽는다. 언젠가는 지금 내가 하고 있는 것과 손에 쥔 것을 모두 내려놓고 가야 한다. 내가 모든 것을 알고, 할 수 있다고 생각하지만 사실 나는 미련하고 약하다.' 대부분 죽을 때가 되어 인생의 기본 원리를 깨닫지만 그때는 이미 늦었다. 미리 깨달을 수만 있다면 인생은 크게 달라질 것이다.

그런 점에서 나는 잠언 3장 1~10절 말씀을 참 좋아한다.

"내 아들아 나의 법을 잊어버리지 말고 네 마음으로 나의 명령을 지키라. … 네 재물과 네 소산물의 처음 익은 열매로 여호와를 공경하라 그리하면 네 창고가 가득히 차고 네 포도즙 틀에 새 포도즙이 넘치리라."

여기에 나온 8가지 약속은 정말 귀한 말씀이다. 나는 성도들과 함께 이 말씀대로 되는 삶을 살기 위해 묵상하며, 기도하고, 설교했다. 그런데 최근 잠언에서 복음을 발견하면서 이 말씀 속에 더 깊은 차원의 복음이 있다는 것을 깨달았다. 그래서 더욱 더 이 말씀을 사랑하게 되었다.

우리가 알고, 믿는 복음이란 무엇인가? '십자가에서 우리 죄를 담당하고 죽으신 예수를 구세주로 믿으면 죄 사함 받고 영생을 선물로 받는다'는 것이다. 맞기는 하지만 이것은 축약된 반쪽짜리 복음이다. 초대교회는 반쪽이 아니라 온전한 복음을 믿고 전파했다.

"그런즉 이스라엘 온 집은 확실히 알지니 너희가 십자가에 못 박은 이 예수를 하나님이 주와 그리스도가 되게 하셨느니라 하니라."(행 2:36)

예수님이 주와 그리스도가 되신다는 것이다. 다른 곳엔 더 확실한 말씀이 나온다.

"우리 주 예수 그리스도와 우리를 사랑하시고 영원한 위로와 좋은 소망을 은혜로 주신 하나님 우리 아버지께서"(살후 2:16)

당시에 '주'란 말은 왕이란 뜻이다. 예수는 우리 죄를 담당하신 구원자다. 그리스도는 메시아 주님이시다. 초대교회가 믿고 전한 복음의 핵심내용은 십자가에서 죽으신 예수께서 구세주와 주인과 왕이 되셨다는 것이다. 잠언 3장 1~10절 말씀이 바로 그 복음을 강조하며 가르쳐주고 있다.

1. 너를 사랑해서 구원하신 구세주를 믿고 고백하며 살라

"인자와 진리가 네게서 떠나지 말게 하고 그것을 네 목에 매며 네 마음판
에 새기라. 그리하면 네가 하나님과 사람 앞에서 은총과 귀중히 여김을 받
으리라"(잠 3:3~4)

인자는 사랑이다. 이 구절을 쉬운 말로 바꿔보면 다음과 같다. "너
는 사랑과 진리가 너를 떠나지 않게 하며 그것을 네 목에 매고 네 마
음에 새겨라. 그러면 네가 하나님께 사랑받고 사람들의 신망을 얻을
것이다."

사랑과 진리가 중요하다. 사랑은 항상 진리와 짝이 되어야 한다.
사랑만 지나치게 강조하면 무분별하게 아무나 자기방식으로 사랑
하게 될 수 있다. 아내를 사랑하면서 다른 여자들도 사랑한다면 그
가정이 어떻게 되겠는가? 진리만 강조하면 차가운 칼이 될 수 있다.
진리와 진실을 주장하면서 많은 사람에게 상처와 고통을 주고 심지
어는 죽게 만드는 사람들이 있다. 지금 '진실 규명'이라는 명분으로
얼마나 많은 사람들이 싸우며 나라를 망가뜨리고 있는지를 알아야
한다. 가정에서도 마찬가지의 일들이 일어나고 있다. 정통교리를
지키고 이단을 감별해내겠다고 나섰다가 사랑을 잃어버린 어떤 목

사는 다른 수많은 목회자들을 정죄하고 실
족시키면서 교회를 파괴하고 있다. 이것은
현실이다. 이런 자들에게 영혼 구원이라는
열매는 하나도 없다. 남은 것은 오직 자기만
옳다는 독선과 정죄의식 뿐이다.

> 가슴이 답답한가?
> 십자가를 목에 매
> 어 보라. 그러면
> 하나님의 사랑과
> 진리로 가슴이 뻥
> 뚫리게 될 것이다.

진리는 수술용 칼과 같다. 잘 쓰면 많은
사람들을 살리지만 사랑 없이 사용하면 그
것으로 사람들을 죽이고 교회를 파괴하게 된다. 교리와 진리가 중요
하지만 사랑이 없으면 죽이는 칼이 된다는 말이다.

사랑과 진리는 두 날개와 같다. 하나만 주장하다 보면 곧 추락한
다. 사랑과 진리가 하나로 융합되어져야 한다. 사랑과 진리를 하나
로 융합시키는 것이 있다. 바로 십자가다. 인간은 죄인이다. 죄는 그
냥 덮어 두면 안 되며 반드시 처벌 받아야 한다. 죄의 대가는 죽음과
심판이다. 죄에 빠진 인간은 죽어 마땅할 존재들이다. 그런데 하나
님이 인간의 죄 문제에 대한 해결책으로 독생자를 보내주셨다. 하나
님이신 예수님은 죄 때문에 심판받고 죽어야 할 나를 살리고 대신
십자가에서 죽으셨다. 그러므로 십자가는 하나님의 사랑을 확증하
는 상징이다. 마땅히 죽어야할 죄인을 사랑하사 살려주신 것이다.
그러므로 십자가가 아니고서는 진리와 사랑을 하나로 융합시킬 수
없다. 십자가는 인간문제에 대한 유일한 해결책이다.

성경은 "사랑과 진리를 목에 매며 가슴판에 새기라"고 했다. 사랑

과 진리가 하나 된 것이 십자가다. 따라서 "사랑과 진리를 목에 매라"는 말은 "십자가를 깨달아 가슴 깊이 새기고 살라"는 뜻이다. 우리는 십자가의 정신과 사랑으로 살아야 한다. 그러면 하나님이 은혜를 주신다. 십자가 사랑으로 살면 사람들의 존경을 받는다. 한번 실험해 보라. 그렇게 될 것이다. 가슴이 답답한가? 십자가를 목에 매어 보라. 그러면 하나님의 사랑과 진리로 가슴이 뻥 뚫리게 될 것이다.

2. 왕으로 다스리시는 예수님을 인정하고 고백하면서 살라

> "너는 범사에 그를 인정하라 그리하면 네 길을 지도하시리라 스스로 지혜롭게 여기지 말지어다 여호와를 경외하며 악을 떠날지어다 이것이 네 몸에 양약이 되어 네 골수를 윤택하게 하리라."(잠 3:6~8)

정말 주옥같이 귀한 말씀이다. 하나님이 범사를 통치하시며 그 뜻대로 우리 인생도 가르쳐주시고 열어주시는 분임을 깨달아 믿고 살라는 것이다. 다른 번역으로 보면 더 뜻이 명확해진다.

"잘난 체하지 말고 마음을 다하여 여호와를 믿어라. 무슨 일을 하든지 여호와께 여쭤보라. 그가 네 앞길을 곧바로 열어주시리라. 스스로 똑똑한 척하지 말고 여호와를 두려워하여 섬기고 악을 멀리하

라. 그렇게 하면 이것이 너에게 좋은 약이 되어 너의 몸과 마음을 건강하게 할 것이다."

하나님이 세상을 다스리는 왕이며 우리 인생의 왕이신 사실을 인정하라는 것이다. 그러려면 잘난 척하지 말아야 한다. 스스로 똑똑한 척하지 말고 겸손하게 범사에 주님의 왕 되심을 인정하며 살아야 한다. 그러면 하나님이 우리 인생길을 지도하시며 열어주신다.

나의 범사를 통치하고 다스리시는 분이 왕이신 예수님이라는 사실을 제대로 믿어 보라. 그러면 스트레스가 모두 사라지며 나를 짓눌렀던 걱정과 근심이 없어진다. 하나님이 다스려주시니 마음에 평안이 찾아온다. 하나님이 인생길을 열어주심이 믿어지기에 몸과 마음이 가벼워지며 없던 용기가 생긴다. 심령의 담대함으로 기쁨이 샘솟아 병이 낫게 되며 면역력이 높아져 얼굴에 윤기가 난다.

이런 놀라운 일들이 우리 인생에서 일어나게 하기 위해선 예수의 왕 되심을 믿어야 한다. 왕이신 그분께 범사를 맡겨야 한다. 그래야 열린 인생을 살게 된다. 인생길도, 마음의 길도, 건강의 길도, 형통의 길도 열린다. 그렇게 되기 바란다.

당신에게 필요한 것은 시계인가 나침반인가?

2013년 4월 28일, 영국의 선덜랜드에서 열린 마라톤 풀코스 경기에는 5000여 명이 참석했다. 그런데 결승선에 들어온 선수 중에 단한 명을 뺀 모두가 실격 처리되는 희한한 일이 벌어졌다. 2위로 달리던 선수가 지정된 코스를 벗어나 달렸다가 다시 원래 코스로 돌아왔다. 그 선수는 자기가 잘못된 코스로 달리고 있다는 것을 몰랐다. 그런데 그 선수를 따르던 다른 선수들도 그를 따르다 모두 잘못된 코스로 달리게 됐다. 주최 측이 경로표시를 확실하게 하지 않았던 문제도 있었지만 한 사람을 제외하고 아무 생각 없이 앞사람만 따라간 모든 선수들이 42.195㎞ 중 264m를 덜 뛰게 되었다. 모두 실격처리 되고 말았다. 정확하게 경로를 따라 선두로 달려간 선수만이 우승자이며 유일한 완주자가 되었다. 빨리 달리는 것보다 더 중요한 것은 바른 방향으로 가는 것이다. 속도보다 방향이 더 중요하다! 우리에게는 시계보다 인생의 방향을 알려줄 나침반이 더 필요하다. 잠언 3장 1~10절 말씀을 우리 인생의 나침반으로 삼아 믿음의 경주를 달려 나가야 한다.

3. 주님이 인생 전체의 주인이심을 인정하고 고백하며 살라

"네 재물과 네 소산물의 처음 익은 열매로 여호와를 공경하라 그리하면 네 창고가 가득히 차고 네 포도즙 틀에 새 포도즙이 넘치리라."
(잠 3:9~10)

창고는 가득차고, 포도즙 틀에는 신선한 포도즙이 넘친다. 시쳇

말로 '대박'이다! 이런 삶을 살기 위해서는 하나님이 나의 주인이라는 사실을 인정해야 한다. 내가 지금 가진 재물도, 앞으로 들어올 소산물과 수입도 주의 것이라는 말씀이다. 하나님이 주시지 않으면 얻을 수 있는 것이 없다. 하나님이 지혜를 주셨다. 하나님이 일할 수 있는 건강을 주셨다. 하나님이 기회를 주셨다. 하나님이 필요한 사람들을 내게 보내주셨다.

태어날 때 무엇을 갖고 온 사람은 한 명도 없다. 모두가 빈손으로, 벌거숭이로 이 땅에 왔다. 만물을 지으시고 주관하시는 하나님이 그 뜻대로 이 모든 것을 우리 각 사람에게 나눠주셨다. 그러므로 내 인생과 모든 소유의 주인이 하나님인 것을 인정하면서 살아야 한다.

"하나님, 당신만이 나의 주인이십니다"라는 믿음의 고백을 증명하는 행위가 재물과 소산물의 처음 열매로 여호와를 공경하는 것이다. 이 구절을 쉽게 번역해보자. "네 재산과 네 모든 농산물의 첫 열매로 여호와를 공경하라. 그러면 네 창고가 가득 차고 포도주통에 새 포도주가 넘칠 것이다."

'하나님이 나의 주인'이라는 믿음의 고백은 오직 드림으로만 증명된다. 자신이 지닌 물질로 하나님의 주인 되심을 드러내며 공경해야 한다. 감사의 예물, 십일조의 예물을 드려야 한다. 첫 열매를 드리는 것이 중요하다. 첫 열매는 모든 열매를 대표한다. 첫 열매를 드리는 것은 "앞으로 수확되는 모든 것이 하나님의 것입니다. 하나님이 내 인생의 주인이십니다"라고 고백하는 것이다.

나의 소산물뿐 아니다. 내 인생의 모든 날들도 주님의 것임을 고백하며 실제로 드려야 한다. 하루 일과의 첫 시간, 주중의 첫날, 주일을 온전히 주님께 드릴 때, 범사에 잘되는 역사가 일어난다. 그래서 일요일 뿐 아니라 모든 날들을 주일, 즉 '주님의 날'로 여기는 것이다.

"하나님, 당신만 이 나의 주인이십 니다"라는 믿음의 고백을 증명하는 행위가 재물과 소 산물의 처음 열매 로 여호와를 공경 하는 것이다.

나는 거듭남의 은혜를 받은 18살 때부터 십일조를 드리기 시작했다. 그때부터 주일 은 절대 타협하지 않고 철저하게 주님께 드

렸다. 그것이 여전히 부족하지만 지금의 나를 만들었다고 믿는다.

'백화점의 왕'으로 불린 존 워너메이커는 '십의 구조'를 드렸다고 한다. 그렇게 드렸지만 그의 사업은 더욱 더 번창했고, 인생은 술술 풀려갔다. 워너메이커는 전 미국에 400개 이상의 백화점을 경영하 게 되었고 후엔 미국의 체신부 장관이 되었다. 그는 미국의 주일학 교 운동을 크게 후원, 다음 세대들에게 복음을 전하는데 진력했다.

나는 목사로서 비록 워너메이커와 같은 부는 축적하지 못했지만 궁극적으로 '십의 칠조'를 드릴 것을 서원했다. 그렇게 기도하고 있 다. 주님이 가장 기뻐하시는 세계 선교에 전력을 다하며 선교지에 수십 개의 교회를 건축하려 하고 있다. 그것이 이루어질 것을 확신 한다. 왜냐하면 인간 송상철 목사가 하는 것이 아니라 송상철 목사 를 통해 하나님이 일하실 것이기 때문이다.

잠언 3:1~10절의 포인트를 세 가지로 정리해 매일 고백해 보자.

"주님은 나의 구세주이십니다. 사랑과 진리의 융합으로 나를 구원한 십자가를 내 목에 걸고 가슴에 새기며 십자가 정신으로 살겠습니다."

"나의 인생과 세상을 통치하시는 왕이신 하나님을 높이며 범사에 주님을 인정하며 주님께 아뢰고 맡기는 삶을 살겠습니다."

"내 인생과 물질의 주인이신 하나님을 물질로 공경하여 많은 사람을 먹이고 세계선교를 감당하며 살겠습니다."

어떤 사람이 75살에 죽게 되었을 때, 천사가 데리러 왔단다. 천사는 그에게 큰 가방을 주면서 천국에 갖고 갈 것을 챙겨 넣으라고 했다. 그는 저금통과 금 두꺼비, 땅문서, 집문서 등을 챙겨 넣었다. 그러자 천사는 "그것은 네 것이 아니다. 다른 사람들도 다 두고 갔다."라고 했다. 그 사람은 "그럼 아이들은 어떻게 해요?"라고 물었다. 천사는 "아이들은 하나님이 이 땅을 위해 남겨두신 자들이다. 가져갈 수 없다"고 답했다. 그 사람이 이리저리 따져보니 갖고 갈 것이 하나도 없었다. 그래서 "가지고 갈 것이 아무것도 없어요"라고 하자 천사는 "네가 다른 사람을 위해 베풀어준 것, 하나님께 드린 것이 없는지 잘 찾아봐라. 이 땅에서 베풀고 드린 것만 하늘에서 너의 영원한 소유가 되느니라"고 말했다.

정말 그렇다. 이 땅에서 하나님과 남을 위해 드린 것만 천국에 가지고 갈 수 있다. 그러므로 나를 사랑해서 구원해 주신 구세주 예수를 믿고 십자가를 가슴에 새기며 살자. 우주만물과 내 인생의 범사를 다스리시는 왕이신 하나님을 높이고 인정하며 다 맡기고 살자. 내 인생과 모든 물질, 시간과 재능의 주인이 하나님이신 것을 믿고 드리며 살자.

우리는 잠언을 읽으며 이것을 다짐해야 한다. 잠언에 담긴 복음을 받아들이고, 복음에 합당한 삶을 살아야 한다. 그 결심을 하고 실행해 나갈 때, 당신의 삶은 코페르니쿠스적으로 바뀔 것이다.

17

세상을
몸서리치게
하지 마라

"세상을 진동시키며 세상이 견딜 수 없게 하는 것
서넛이 있나니 곧 종이 임금된 것과
미련한 자가 음식으로 배부른 것과 미움 받는
여자가 시집 간 것과 여종이 주모를 이은 것이니라."
(잠 30:21~23)

잠언 30장 21~23절은 아주 특이하다. '세상을 진동시키며 세상으로 견딜 수 없게 하는 것 서넛'이 있는데 이 서너 가지 것들 때문에 세상이 시끄럽고, 사람들은 이 서너 가지 것들을 참을 수 없어 한다는 설명이다. 오묘한 말씀으로 쉽게 이해되지 않을 것 같지만 요즘 한국 사회를 바라보면 이해가 되기도 한다. 한국 뉴스를 보면 세상을 시끄럽게 하는 인물과 교회들이 있다. 신자 중에도 사람들에게 고통 주고 손가락질 당하는 사람들이 있다.

솔로몬은 당시 사회를 시끄럽게 하고 사람들을 괴롭게 하는 몇 가지 사례를 밝히고 있다. 사람들이 상식적으로만 살아도 세상에는 큰 소란이 있을 수 없다. 그러나 질서를 지키지 않고 법과 상식을 넘어 행동하는 사람들 때문에 세상은 시끄럽기 그지없다. 특별히 남에게 고통을 주는 사람들도 존재한다. 자기주장, 자기감정만 내세우며 자기이익을 위해서 수단방법을 가리지 않는 사람들 말이다. 세상은 왜 견딜 수 없으며 진동하는가?

1. 절대 어울리지 않는 영광의 자리를 차지한 사람 때문이다

잠언 30장 22절의 '곧 종이 임금된 것'은 왕이 될 자격이 없는 사람이 왕이 된 것이 문제라는 뜻이다. 종이 왕 될 수 없다는 말이 아니다. 성경은 노예였지만 애굽 총리가 된 요셉을 '믿음으로 승리한 사람'이라 칭한다. 요셉은 애굽에 종으로 팔려갔고 죄수가 되었지만

미켈란젤로의 다윗상

13년 만에 총리가 되어 나라를 잘 통치했다. 요셉은 하나님의 약속과 인도를 따라 철저히 믿음과 리더십 훈련을 받았다. 애굽왕 바로가 "이렇게 지혜와 성령이 충만한 사람을 어디서 찾겠는가"라고 탄복했을 정도였다. 요셉은 손대는 일마다 모두 크게 성공시켰다. 나라를 번성하게 만들었다.

　　다윗도 가난한 시골 목동의 막내아들로 태어났지만 이스라엘의 왕, 믿음의 왕, 승리의 왕, 거룩한 왕이 되고 메시아의 조상이 되었다. 고대 근동에서 종이 왕 되는 경우가 가끔 있었다. 그럴 때, 그 종이 왕으로서의 필요한 훈련을 제대로 받으면 정치를 잘하는 훌륭한 통치자가 되었다. 그러나 왕의 자질과 인격이 결여된 자가 권력을 잡으면 그 자리를 지키기 위해 많은 사람에게 고통을 주고 피를 흘리게까지 하는 폭군이 되고 만다. 이런 폭군이 통치하면 국가는 크게 소란스러울 수밖에 없고 사람들은 고통당하며 나라는 망하게 된다. 예나 지금이나 이런 일들이 많이 발생한다. 그런데 성경이 굳이 이런 말씀을 하는 이유가 무엇인가?

그것은 우리가 하나님 나라의 왕권을 상속받은 사람들이기 때문이다. 우리는 하나님의 자녀요, 천국의 주인이다! 그렇다면 우리는 아무렇게나 살면 안 된다. 세상에 어디 이런 영광이 있을 수 있는가! 본래 우리는 죄의 종이요, 마귀의 노예였다. 그런데 예수님이 십자가에서 내 모든 죄를 대신 담당하고 죽으심으로 우리의 죄 값을 치루어 주셨

우리는 왕 같은 제사장이다. 신분이 바뀌었다면 그에 맞는 삶을 살아야 한다. 왕이신 하나님의 자녀답게 살아야 한단 말이다.

다. 우리의 죄를 사해주고 구원해주신 것에 그친 것이 아니라 우리를 하나님의 자녀로 삼아 주셨다. 그럼으로써 죄인이었던 우리는 이제 천국의 왕이신 하나님의 자녀들이 되어서 왕권을 상속 받는 존재가 되었다. 이 얼마나 놀라운 반전인가? 죄인에서 왕권 상속자가 된 것이다.

우리는 왕 같은 제사장이다. 신분이 바뀌었다면 그에 맞는 삶을 살아야 한다. 왕이신 하나님의 자녀답게 살아야 한단 말이다. 그런데 여전히 욕심과 정욕, 죄악의 종으로 살고 있다. 이것이 말이 되는 일인가? 하나님 나라의 왕권을 가졌다면 이 세상 모든 것을 가진 것이다. 그럼에도 어찌 그리 불평하고 근심하며 살 수 있는가? 왕권을 가졌다면 어떻게 그리 편협한 삶을 살며 남을 이해하지도, 품어주지도 못할 수 있는가?

요즘 세상이 시끄러운 이유는 무엇인가? 물론 정치인들이 정치를 잘 해야 하고 경제도 잘 풀려야 하는데 그렇지 못해 시끄럽기도 하

다. 그러나 더 중요한 이유는 세상의 빛과 소금이 되어야 할 크리스 천들이 참 신자의 삶을 살지 못하기 때문이다. 믿는 자들은 믿는 자 의 모습을 지켜야 한다. 왕 같은 제사장들로서 세상과는 다르게 살 아야 한다. 그럼에도 교회의 직분자면서도 아무데서나 술판을 벌이 는 사람들이 있다. 신자지만 세상 사람들과 똑같이 부정부패에 빠 져 사는 사람들도 있다. 왕 같은 제사장들이 아무렇게나 살고 있는 것이다. 그러니 세상이 시끄럽지 않을 수 없다. 세상에서 짠 맛을 내 어야 하는 소금이 없기에 모두 썩게 되는 것이다. 어둔 세상을 밝게 비추는 빛이 없으니 모두가 수렁에 빠지는 것이다. 다른 사람들을 탓할 필요도 없다. 먼저 자신을 돌아보고 회개해야 한다.

2. 미련하고 게으른 사람이 배부르게 살기 때문이다

잠언 30장 22절은 세상을 소란스럽게 하고 사람들에게 고통을 주 는 두 번째 이유를 미련한 자가 배부르게 사는 것 때문이라고 했다. 이 구절을 보며 아마 대부분 '미련한 자는 배부르면 안 되나?'라고 생 각했을 것이다. 물론 미련하다고 해서 부를 이루지 못할 이유는 없 다. 그런데 잠언 30장 22절은 부요를 누릴 자격이 없는 사람이 부를 누리며 으스대는 것을 말한다.

미련한 자는 지혜가 없고, 게으르고, 핑계가 많다. 무엇보다 미련 한 자는 하나님이 없다고 생각한다. 미련한 자가 지혜로운 사람의 밑에서 배우며 살면 문제가 생기지 않는다. 미련한 자라도 현명한 사람의 말을 들으면 지혜롭게 살 수 있다. 그러나 미련한 자가 지혜자보다 높은 자리에 있게 되면 문제가 생긴다. 미련한 자가 직장 상사나 가게 주인이 되면 그의 말을 듣는 사람이 너무나 힘들게 된다. 말도 안 되는 지시를 내릴 수 있다. 회사나 사회가 제대로 기능하기 위해서는 지혜자가 높은 위치에 서야 한다. '하이 퀄리티'(High Quality)를 지닌 자가 '하이 포지션'(High Position)에 있어야 안정되며 발전이 가능하다. '로 퀄리티'(Low Quality)를 지닌 자가 높은 위치에 앉아 하이 퀄리티의 사람을 지휘, 감독하게 되면 여러 문제가 파생될 수밖에 없다. 로 퀄리티의 리더에게 들을 귀가 있다면 다행이지만 고집만 피우는 상사라면 어려움은 가중될 것이다. 실제 미련한 자는 자기보다 지혜로운 사람을 일부러 괴롭히고, 말도 안 되는 부당한 요구를 하면서 왕따를 시키는 경우가 많다. 그러다보면 지혜자가 그 조직을 떠나게 되는, '악화가 양화를 구축'하는 것이 현실화된다. 사회 곳곳에서 소란이 일어나고 사람들이 고통당하는 이유가 여기에 있다.

차라리 미련한 자가 어렵고 가난하면 겸손해지는데 어쩌다 부자가 되면 한껏 교만해진다. 교만해지면 더 크고 더 많은 것을 원하다 결국 다 잃어버리게 된다. 이런 일이 생기면 함께 있는 가족, 주변 사람들이 모두 상처를 입고 고통을 당한다. 그러므로 절대로 미련한 자를 높은 자리에 올려 세우는 일은 피해야 한다. 그런데 성경이 왜 이런 말씀을 하는 것인가?

이것은 신자들에게 도전을 주기 위해 기록되었다. 우리는 복의 근원이 되기 위해 세상으로 부름 받았다. 먼저 믿은 우리에게는 '모든 족속을 제자 삼아야 하는' 사명이 있다. 그런 사명을 지닌 우리 크리스천들이 미련한 자로, 로 퀄리티의 사람으로 산다면 어떻게 되겠는가? 주님의 지상 명령이 제대로 수행되기 어려워진다. 미련한 자로 살면서 하늘의 풍성한 복을 받기 원한다는 것은 가당치 않다. 미련한 사람은 어떤 사람인가?

"어리석은 자는 그의 마음에 이르기를 하나님이 없다 하는도다 그들은 부패하고 그 행실이 가증하니 선을 행하는 자가 없도다."(시 14:1)

미련한 사람의 가장 큰 특징은 그 마음에 하나님이 없다는 것이다. 그들은 하나님의 존재와 그분의 임재를 부인한다.

"하나님을 알되 하나님을 영화롭게도 아니하며 감사하지도 아니하고 오히려 그 생각이 허망하여지며 미련한 마음이 어두워졌나니"
(롬 1:21)

미련한 사람은 하나님께 감사하지 않는다. 복을 받아도 감사할 줄 모른다. 일이 이뤄지면 잘난 자기가 모두 했다고 생각한다. 철저히 자기중심적이다. 이런 사람은 차라리 고난당하고 배가 고파야 겸손해지고 무릎 꿇게 된다. 그런데 배부르니 겸손해질 수 없고 기도

도 안 한다. 배부름과 부요가 그에게 복이
아니라 독이 되는 것이다. 차라리 배가 고
파서 어쩔 수 없이 금식이라도 하는 것이 복
이다.

오늘 우리는 하나님이 주신 복을 수없이
많이 받아 살고 있다. 내가 목회하는 애틀
랜타 새한교회 성도들은 최소한 4가지 복을
받았다고 생각한다. 먼저 우리는 예수 믿고

예수 믿은 이후 받
은 복을 세어 보아
라. 정말 많을 것
이다. 그런데 진심
으로 감사하고 있
는가? 하나님께
감사하지 않는 사
람이 미련한 자다.

하나님의 자녀가 되었다. 둘째, 부강하며 종교의 자유가 보장된 미
국에서 살고 있다. 셋째, 미국에서 제일 살기 좋다는 알파레타 존스
크릭 주변에 살고 있다. 넷째, 건강한 새한교회에 다니고 있다. 새한
교회 성도들에게는 감사할 이유가 최소 4가지는 있는 셈이다. 그러
니 감사해야 한다. 그런데 목회 하다보면 성도들이 얼마나 감사하
며 살고 있는지 의문이 들 때도 있다. 나 역시 '감사도 없고, 지혜도
없는 미련한 자로 배부르게 살고 있지는 않는가' 자문해 볼 때도 있
다. 새한교회 뿐 아니라 한국과 디아스포라 한인 교회의 성도들은
모두 복을 받은 자들이다. 교회에 들어왔다는 한 가지 사실만으로
도 감사해야 한다. 엎어져도 교회에서 엎어질 수 있다는 것이 복이
다. 예수 믿은 이후 받은 복을 세어 보아라. 정말 많을 것이다. 그런
데 정말 감사하고 있는가? 하나님께 감사하지 않는 사람이 미련한
자다.

> 우리는 범사에 감사해야 한다. 감사는 고난의 박스를 열어 그 속의 복을 얻게 하는 열쇠. 어떤 환경에서도 감사함으로 복을 누려야 한다.

어떤 사람이 죽어서 천국에 갔다. 가서 보니 천사들이 뭔가를 열심히 포장하고 있었다. "지금 무엇을 하는가?"라고 물으니 "사람들에게 보내줄 복을 포장하고 있다"는 대답이 돌아왔다. 복이 사람들에게 잘 전해지도록 박스에 넣어 포장해 보낸다고 했다. 그런데 복을 담는 박스의 이름이 '고난'이라고 덧붙였다. 그 고난의 박스는 열쇠로 채워져 아무나 그 내용물을 꺼내 파손할 수 없다고 했다. 그러면서 천사는 이렇게 말했다. "그런데 사람들은 고난이란 박스만 보고 그 안에 복이 들어있는 줄 모른 채 '아이고 무서워, 힘들어'하면서 그 박스를 열지 않고 버리거나, 박스 안의 복을 꺼낼 생각을 하지 않고 그대로 놔두니 답답하기 그지없다." 그 사람이 "그럼, 고난의 박스를 어떻게 여는가?"라고 물으니 "고난이란 박스를 열고 복을 꺼내는 열쇠는 감사"라는 대답이 돌아왔다. 고난을 무서워하거나 피하려 하지 말고 감사하면서 받으면 그 박스가 열려 그 속에 있는 귀한 복을 받을 수 있다는 것이다. 그런데 사람들이 '고난으로 포장된 선물'이 오면 감사하기보다는 불평하고 두려워하기 때문에 그 안에 있는 복을 구경하지도 못하는 경우가 많다는 설명이다.

이 이야기는 단순히 만들어 낸 것이 아니라 지금 우리의 상황을 잘 묘사하고 있다. '고난이라는 변장된 축복'을 인식하지 못한 채 그저 고난에 짓눌려 살고 있다. 우리는 범사에 감사해야 한다. 감사는 고난의 박스를 열어 그 속의 복을 얻게 하는 열쇠다. 어떤 환경에 처해 있을지라도 감사함으로 복을 누리기 바란다.

3. 매력이 없어서 미움 받던 여자가 시집간 것 때문이다

23절에 '꺼림을 받는 계집이 시집간 것과'라고 나온다. 꺼림을 받는 여자란 여성답지 못해서 남자에게 미움을 받는 여자를 의미한다. 사랑받지 못하는 여인은 온유하지 않고 교만하며 잘 싸우고 방탕하다. 그러기에 사랑받지 못하는 것이다. 그런데 이런 여성이 수단과 방법을 가리지 않고 다른 여자들을 밀어내고 마침내 결혼에 골인하기도 한다. 그러면 더 교만해져서 안하무인격으로 행동한다. 그런 여인과 결혼한 남자는 그녀 때문에 매일 고통당한다. 그녀의 추악한 언행으로 남편은 매일 노심초사한다. 자연스레 가정은 항상 잡음이 끊어지지 않고 마치 벌집처럼 시끄럽다. 결국 가정이 파괴되어 온 가족이 치명상을 입는다. 어린 자녀들은 치유할 수 없는 상처를 안고 평생 고통당하며 산다. 이런 것들이 자기관리를 못하는 여자가 결혼할 때 일어나는 일이다. 결혼 적령기에 있는 남성들은 지혜로운 여인을 달라고 기도해야 한다.

그런데 성경이 이런 말씀을 하는 것에는 중요한 이유가 있다. 우리 모두는 예수님의 신부이기 때문이다. 우리의 정체성은 예수님의 신부다. 꺼림 받고 미움 받는 여자가 아니다. 밥맛없어 보이는 여인이 아니라 예수 향기 풍기는 여인이다. 우리는 지금 어떤 여인인지 돌아봐야 한다. 예수님의 신부로서 잘 단장된 삶을 살고 있는지 점검하며 회개해야 한다.

한국의 대표적인 영화배우 신영균씨가 최근에 자기 심경을 고백했다. 그는 전성기 때 일 년에 집 열채 살 돈을 벌어서 차곡차곡 모아 사업 밑천을 만들었다. 오래 전에 7억 원을 주고 산 명보극장은 현재 500억 원이 넘게 자산 가치가 올랐다. 그는 명보극장과 제주신영영화박물관 등 500억 원이 훨씬 넘는 재산을 한국영화발전에 써 달라며 기부했다. 모교인 서울대학교에도 100억 원 상당의 땅을 발전기금으로 기부했다. 자신의 심경을 고백한 당시에 91세였던 그는 "내 관에는 성경책만 넣어 달라"고 말했다. 신씨는 독실한 기독교 신자로서 평생 술·담배는 물론 여자와 도박도 멀리했다. 유명 배우였지만 신앙의 원칙을 끝까지 지켰다고 고백했다. 유명 연예인으로서는 결코 쉽지 않은 일을 해 냈다. 그는 이렇게 말했다. "60~70년대엔 내 영화를 마음껏 틀 수 있는 극장을 너무나 갖고 싶었죠. 하지만 이젠 욕심이 없어요. 마지막으로 내가 갖고 갈 것은 50년 손때 묻은 이 성경책 하나예요. 내 딸 혜진아, 내가 죽거들랑 이 성경책을 관에 넣어 나랑 같이 묻어다오." 그는 가죽이 다 해진 성경책 한권을 만지며 말했다. 그리고 가장 좋아하는 성경 구절인 고린도전서 15장 10절을 소리 내어 읽었다.

"내가 나 된 것은 하나님의 은혜로 된 것이니 내게 주신 그의 은혜가 헛되지 아니하여 내가 모든 사도보다 더 많이 수고하였으나 내가 한 것이 아니요 오직 나와 함께 하신 하나님의 은혜로라."

신영균씨는 바로 이 말씀 때문에 항상 하나님 은혜에 감사하면서 믿음을 지키며 살았다고 고백했다. 이 말씀이 오늘의 신영균을 있게 한 원동력이었다고 했다.

우리는 모두 예수님의 신부다. 신영균씨와 같이 평생 신앙의 정절을 지키고 자신의 매력을 가꾸면서 다시 오실 신랑 되신 주님을 기다려야 한다. 이것이 우리에게 임한 최고의 복이다.

4. 배신과 음모로 여주인을 쫓아내고 주모가 된 여종 때문이다

23절에 '계집 종이 주모를 이은 것'이라고 나온다. 그것이 문제라는 것이다. 여종이 주모를 이은 것이 왜 문제인가? 때론 여종이 주인을 유혹, 조강지처를 몰아내고 안방을 차지하는 일들이 일어난다. 그러려면 온갖 음모와 중상모략을 동원할 수밖에 없다. 여종이 안주인이 되려고 하면 집안은 전쟁터로 변한다. 이로 인해 가정의 평화와 안정

> 우리는 모두 예수님의 신부다. 평생 신앙의 정절을 지키고 자신의 매력을 가꾸면서 다시 오실 신랑 되신 주님을 기다려야 한다.

이 사라져 버린다. 아브라함의 아내 사라와 여종 하갈이 후사 문제로 갈등을 겪다가 결국 하갈이 쫓김을 당한 사건도 바로 이 같은 경우다. 보통은 안주인이 여종을 데려온다. 그런데 여종이 안주인을 배반하고 주인의 사랑을 가로채어 안주인을 쫓아내는 것이다. 그러면 가정의 질서와 평화가 깨지고 부부뿐만 아니라 자녀들에게도 악한 영향을 미치게 된다.

상식과 질서를 벗어난 성공은 누구에게도 도움이 되지 않는다. 특히 신자는 하나님의 말씀을 지키는 동시에 세상의 법과 질서, 예의, 상식도 잘 지켜 많은 사람들에게 덕이 되어야 한다. 그래야 복음 전도가 용이해진다. 하나님이 주시는 복을 믿음으로 받아 누리면서 점점 사회적으로도 성숙한 사람으로 변화되어야 한다. 이 땅에서 평화를 누리기 위해선 질서에 순종해야 한다. 절대로 인간관계를 깨뜨리는 일을 해서는 안 된다. 배은망덕한 자가 되지 말고 언제나 감사하는 자가 되라!

세월이 지나면서 감사가 얼마나 중요한지를 실감한다. 그래서 더욱 감사에 힘쓰려 하고 있다. 감사가 없으면 세월이 쌓일수록 후회와 서운함, 불평만 늘어난다. 감사하면 창조적인 에너지가 나온다. 감사가 없는 삶을 살다보면 나의 은인이 어느덧 섭섭한 사람이 되고, 갈수록 불편한 사람이 많아지며 사랑하는 사람은 줄어든다. 아름다운 추억이 사소한 일 때문에 금 가버리고, 감사의 제목거리는 기억나지 않고, 상처받은 일만 쌓여가게 된다. 이것이야말로 비극적인 일이다.

인생을 함께 할 참된 벗이 없어서 고민되는가? 아랫사람과 윗사람, 옆 사람은 있지만 참된 친구는 사라지는 이유는 감사하지 않기 때문이다. 생각해 보라. 당신은 주변에 고통을 주는 사람인가? 아니면 감동을 주는 사람인가? 당신의 입에서는 감사와 삶에서 하나님을 경험한 간증이 나오는가? 아니면 짜증과 원망, 불평과 악독이 나오는가?

그동안의 잘못된 언어습관을 회개하고 감사의 말이 입에서 떠나지 않게 하라. 감사는 만병치료제다. 감사는 지금 이 땅에서 천국을 누리는 증거며 하나님의 살아 계심을 인정하는 믿음의 행위다. 그러니 범사에 감사하자!

18

꿀을 만나면
족하게 먹어라

"너는 꿀을 보거든 족하리만큼 먹으라
과식함으로 토할까 두려우니라."
(잠 25:16)

잠언에는 특별한 말씀이 많은데 잠언 25장 16절 말씀은 더욱 특별하다. 그러나 여기에도 믿음과 삶의 귀한 비밀이 들어 있다.

1. 꿀을 만나거든 만족할 만큼 먹어라

꿀은 오래 전부터 중근동 지방의 양치는 목동들에게 특별한 행복이요 힘의 근원이었다. 목동이 들판에서 양을 치다가 석청 꿀을 발견해 먹으면 피로가 사라지고 마음이 즐거워진다. 꿀은 약이 되기도 한다. 오래 발효된 꿀은 소화를 촉진시키고 체력이 약한 자들에게 활력을 준다. 꿀을 섭취하면 눈이 밝아진다. 설탕이 없었던 과거에 유일하게 섭취할 수 있는 당분이 꿀이었다. 당시 사람들은 꿀이 많이 들어있는 큰 벌집을 만나면 자기만의 비밀로 감춰두고 수시로 은밀하게 가서 꿀을 먹으며 행복을 누렸다.

성경에서 꿀은 하나님 말씀을 상징한다.

"내가 천사의 손에서 작은 두루마리를 갖다 먹어 버리니 내 입에는 꿀 같이 다나 먹은 후에 내 배에서는 쓰게 되더라."(계 10:10)

"여호와를 경외하는 도는 정결하여 영원까지 이르고 여호와의 법도 진실하여 다 의로우니 금 곧 많은 순금보다 더 사모할 것이며 꿀과 송이꿀보

다 더 달도다."(시 19:9~10)

믿음이 깊어지면 말씀을 사랑하게 된다. 점점 더 하나님 말씀이 송이꿀보다 더 달게 체험된다. 그렇게 되기를 소망하자.

또한 꿀은 지혜와 감사, 격려를 상징한다.

"선한 말은 꿀송이 같아서 마음에 달고 뼈에 양약이 되느니라."
(잠 16:24)

입에서 나온 선한 말, 지혜와 감사, 격려의 말이 꿀송이 같다는 것이다.

"네가 꿀을 만나거든 족하리만큼 먹으라"는 말은 무슨 뜻인가? 그것은 "네가 말씀을 깨닫거든, 네가 감사한 일을 만나거든 족하리만큼 은혜와 감사를 누려라"는 말이다. 우리를 사랑하시는 하나님은 말씀하신다. "말씀을 충분히 먹어라! 감사한 일을 깨달으면 그냥 지나치지 말고 감사에 더 집중해서 족하리만큼 감사의 제목을 누리고 기쁨을 충만케 하라! 네 삶에 치유가 일어나게 하라!"

세상에서 가장 강한 사람은 자기를 이기는 자다. 가장 지혜로운 사람은 끝없이 배우는 자다. 가장 부한 사람은 만족할 줄 아는 자다. 가장 행복한 사람은 항상 감사하는 사람이다. 존 밀러는 "사람이 얼마나 행복한지는 그가 하는 감사의 깊이에 달려있다"고 말했다. 스피로스 히아테스는 "하나님이 어떤 것을 주시건 그분께 감사하는 것은 마귀를 물리치는 가장 확실한 방법"이라고 강조했다.

> 뿌린 대로 수확한다! 지금의 삶은 지난 시절 내가 뿌린 씨앗의 결과다. 앞으로의 삶은 지금 내가 뿌린 씨앗에 따라 결과가 정해진다.

멕시코의 어떤 마을에 한쪽에서는 부글부글 끓는 온천이 솟아나고 그 옆에서는 얼음물처럼 차가운 냉천이 솟아오른다. 동네 아줌마들은 빨래를 갖고 와서 온천에서 빨래를 삶고 냉천에서 헹군다. 그 모습을 본 관광객이 멕시코 안내원에게 말했다. "이 동네 아줌마들은 참 좋겠군요. 더운물과 찬물을 그냥 마음대로 쓸 수 있으니 항상 감사하며 행복하게 살겠네요." 그러자 안내원이 대답했다. "천만에요. 이 동네 아줌마들은 감사하기 보다는 비누가 나오지 않는다고 불평만 한다니까요."

불평을 하다보면 한도 끝도 없다. 불평은 심지어 천국에서도 지옥을 경험하며 살게 만든다. 범사에 감사해야 한다. 인생길 가다가 꿀을 만나거든 족할 만큼 먹기 바란다. 감사할 일이 생각나거든 그 자리에서 족하리만큼 감사하며 행복을 누리기 바란다.

2. 과식함으로 토할까 두려우니라

잠언 25장 16절 말씀은 "과식하면 토할까 두렵다"고 했다. 과식은 소화시키지 못한 가운데 계속 먹는 것이다. 그러면 체해서 토하게 되어 몸이 크게 상한다. 옛날에는 급체로 죽는 사람들이 많았다. 일설에 의하면 석가모니도 대접받아 먹은 음식이 체해서 식중독으로 죽었다고 한다. 급체로 고생하는 사람이 많았지만 별다른 치료약이 없던 옛날엔 꿀이 소화제 역할을 했다. 체하거나 배가 아플 때면 엄마가 따뜻한 꿀물을 타서 마시게 해주면 나았던 기억이 내게도 있다. 꿀은 말씀이며 감사다. 말씀은 '인생 소화제'며 감사는 '행복 소화제'다.

좋은 음식을 배터지게 먹어도 소화를 못시켜 토한다면 몸에 아무런 유익이 없다. 마찬가지로 아무리 좋은 일이 많이 생기고, 돈을 많이 벌고 성공해도, 그것들을 감사로 소화시켜 누리지 못한다면 결국은 토해 내버리고 말 것이다.

나누지 않고 소유만하는 것은 금은보화를 전당포나 창고에 보관해두기만 하는 것과 똑같다. 그러면 도적이 찾아온다. 인생길에서 도적은 다양한 형태로 온다. 돈 좀 있는 집안에서는 아이들이 타락한다. 그것이 도적이다. 돈 때문에 가족이 싸운다. 그 돈이 내 것 같아도 사실은 내 것이 아니다. 오히려 나를 얽매는 굴레와 같다. 감사하며 누리고 나누는 것만이 진짜 내 것이다. 감사로 소화시키지 못하고 먹기만 하고 쌓아두기만 한다면 결국은 체해서 토하게 된다고 성경은 경고하고 있다.

우리 신앙의 모본(模本)이신 예수님은 감사하는 삶을 사셨다. 그분의 감사는 특별했다. 때와 장소, 상황과 상관없는 감사였다. 예수님은 '죽은' 나사로의 무덤에서 감사하셨다.

"돌을 옮겨 놓으니 예수께서 눈을 들어 우러러 보시고 이르시되 아버지여 내 말을 들으신 것을 감사하나이다."(요 11:41)

예수님이 감사를 드린 곳은 무덤이다. 그 안에는 냄새나는 시체가 있다. 그럼에도 예수님은 감사하셨다. 감사하신 내용이 무엇인가? 하나님 아버지가 자신의 말을 들으신 것으로 인해 감사한다고 하셨다. 하나님과의 소통이 이뤄진 데 대해서 감사하신 것이다. 우리 신자들도 하나님과 소통할 수 있는 것에 가장 크게 감사해야 한다. 전능하신 하나님과 소통할 수 있다는 것 자체가 놀라운 감사의 제목이다. 그분께 모든 것을 아뢸 수 있다. 하나님은 우리의 신음까지도 들으시는 분이다. 그러니 우리는 염려와 근심을 할 필요가 없다. 전능자에게 기도할 수 있는데 왜 염려하는가?

"그 때에 예수께서 대답하여 이르시되 천지의 주재이신 아버지여 이것을 지혜롭고 슬기 있는 자들에게는 숨기시고 어린 아이들에게는 나타내심을 감사하나이다."(마 11:25)

예수님은 스스로 똑똑하다며 교만한 자에게는 천국과 구원의 비밀을 숨기시고 어린 아이들에게 나타내심을 감사하다고 하셨다. 예수님이 감사하셨던 당시의 상황은 바리새인들의 핍박과 반대가 심한 환경이었다. 감사의 내용은 천국의 비밀을 깨달아 믿어 구원받는 은혜를 받은 것이었다. 아무리 고난이 많고 핍박과 반대가 심한 상황에 처해 있어도 십자가 구원과 천국의 비밀을 깨달아 믿어 구원받게 하심을 감사해야 한다. 우리 인생들에게 예수 믿고 죄 사함 받아 하나님의 자녀된 것보다 더 큰 감사의 제목이 있을 수 없다.

"예수께서 떡 다섯 개와 물고기 두 마리를 가지사 하늘을 우러러 축사하시고 떼어 제자들에게 주어 무리에게 나누어 주게 하시니"(눅 9:16)

예수님은 오병이어를 높이 들고 감사하셨다. 그분은 어떤 환경에서 감사하셨나? 거기엔 굶주린 2만 여명의 군중들이 있었다. 그들을 먹여야 했지만 혼자 먹기에도 모자란 보리떡 다섯 개와 마른 멸치 같은 생선 두 마리밖에 없었다. 감사대신 불평이 나올 상황이었다. 먹을 것이 턱없이 모자라 말도 안 나오는 상황인데도 예수님은 하늘을 우러러 감사하셨다. 예수님은 하나님을 신뢰했다. 많건 적건 하나님이 주신 것이 있다는 사실에 감사했다. 그 보잘 것 없는 오병이어를 나눠주시면서 또한 감사하셨다. 가진 게 없더라도 사랑으로 나눠줄 수 있다는 것을 감사하셨다. 하나님을 높이며 감사하고, 어린 소년의 헌신에 감사하고, 사랑으로 나눠주면서 감사하셨다. 적은 것이지만 감사하셨다. 피곤함과 굶주림, 결핍의 환경이었지만 그것을 초월한 감사를 드렸을 때, 기적이 일어났다. 적은 게 많은 것으로 쓰였고, 보잘 것 없는 게 영광스런 것으로 쓰였고, 썩을 것이 예수 그리스도를 드러내는 영적 도구로 쓰였다.

아무리 고난이 많고 핍박과 반대가 심한 상황에 처해 있어도 십자가 구원과 천국의 비밀을 깨달아 믿어 구원받게 하심을 감사해야 한다.

감사는 기적의 열쇠다. 사탄은 헐뜯고, 비판하고, 상처주고, 넘어지게 한다. 그러나 성령 받아 예수 생명으로 사는 하나님의 자녀는 감사하고, 격려하고, 치유하고, 세워주며 살아야 한다. 감사는 가장 강한 믿음의 그릇이다.

파레토라는 학자가 개미를 자세히 관찰해보니 개미 가운데 20%만이 열심히 일하고 나머지 80%는 대충대충 놀면서 지냈다. 이번엔 벌통을 관찰했더니 놀랍게도 벌들 역시 20%는 열심히 일하고 80%는 대충대충 놀고 있었다. 신기하게 생각해서 인간사회를 관찰해보았다. 유럽인구와 부의 분포도를 살펴봤더니 전체 부의 80%를 상위 20%가 소유하고 있었다. 또 전체 인구 중 20%가 80%의 노동을 감당했다. 그래서 그 유명한 '20:80의 법칙', 즉 '파레토 법칙'이 탄생하게 된 것이다.

파레토의 법칙은 다양한 상황에서 적용된다. 백화점에서는 20%의 고객이 구입하는 매출액이 전체 매출의 80%를 차지한다. 기업에서는 20%의 핵심 제품이 80%의 이익을 가져다준다. 회사, 관공서 등 조직에서는 20%의 조직원이 그 조직의 80%의 일을 수행한다. 성과의 80%가 근무 시간 중에 가장 집중한 20%의 시간에서 나온다. 이 법칙의 핵심은 상위 20%가 남은 80%를 주도한다는 것이다. 그러면 이런 질문을 던질 수 있다. 교회의 성도 중 감사하는 사람이 20%가 될까? 감사함으로 행하는 20%가 내 인생의 80%를 끌고 간다고 믿어도 될까? 교회 성도 중 20%만이 믿음으로 헌신하고 80%는 뒤에서 관망하며 따라오는 사람인가? 나는 그 20%에 들어가는가? 아니면 80%에 속한 사람으로 살고 있는가? 나는 어떤 사람으로 살기를 원하는가?

만일 당신이 20%에 해당된다면 나머지 80%의 사람들이 헌신하지 않는다고 속상해 하지 말라. 80%의 사람들이 비판하고 불평하며 고통을 준다고 해도 속상해 하지 말라. 다른 누군가와 비교하지 말고 20%의 감사하는 사람이 되겠다는 결심을 해야 한다. 하나님을 믿는 모든 사람들이 헌신하는 것이 아니다. 크리스천이 됐다고 누구나 믿음으로 승리하는 삶을 사는 것이 아니다. 20%가 헌신한다. 20%가 믿음으로 이긴다. 20%가 80%를 감당한다. 결심해야 한다. '나는 믿음에서 앞장서는 20%가 되겠다!'라고.

감사 시력이 건강해야 한다. 감사의 눈이 떠지고 환하게 열려야 한다. 이를 위해 기도하며 훈련하자.

어떤 사람은 감사를 시력 검사에 비유했

다. 시력을 검사하면 눈의 여러 상태가 나타나는데 이를 감사와 연관시켜 설명할 수 있다. '감사 색맹'은 감사할 거리가 아예 안 보이는 것이다. '감사 약시'는 감사를 보고 싶어는 하지만 못 보는 것이다. '감사 근시'는 눈앞의 감사거리만 보는 것이다. '감사 원시'는 멀리 있는 남의 감사는 보이는데 정작 자기 감사는 보지 못하는 것이다. '감사 난시'는 겨우 감사를 보기는 하지만 흐릿하고 선명하지 않게 보는 것이다. '감사 짝시'는 한쪽 감사만 보는 것이다. '감사 착시'는 감사의 핵심을 보지 못하는 것이다.

감사 시력이 건강해야 한다. 감사의 눈이 떠지고 환하게 열려야 한다. 이를 위해 기도하며 훈련하자.

감사에도 4차원이 있다.

첫째, 감사는 창조신앙의 핵심이다. 하나님이 아름다운 세계를 만드셨기에 감사하지 않을 수 없다. 둘째, 감사는 구원신앙의 핵심이다. 내 죄 사함 받고 영생을 얻은 것은 최고의 기적으로 항상 감사해야 할 최상의 축복이다. 셋째, 감사는 종말신앙의 핵심이다. 영광 중에 재림하실 예수님은 우리 눈에서 눈물을 씻기시고 다시는 슬픔과 아픔, 질병이 없는 하나님 나라를 우리에게 상속해 주신다. 그 하나님께 영원한 감사, 절대적인 감사를 드려야 한다. 넷째, 감사는 천국신앙의 핵심이다. 우리는 지금 이 땅에 임한 천국에서 살고 있다. 세상에 살지만 왕이신 하나님이 친히 다스려주시니 모든 것이 합력하여 선이 되고 범사가 다 유익하며 형통할 것을 믿으며 감사한다.

감사는 성경에 가장 많이 나오는 단어 중 하나다. 성경은 감사하며 사는 것이 하나님 뜻이라고까지 강조했다. 감사란 내가 겪는 모든 상황이 하나님의 섭리 안에 있다는 믿음의 고백이다. 아무리 문제와 고난이 커보여도 주님보다는 크지 않다고 믿음으로 고백하는 것이 감사다. 감사는 어떤 상황에서도 행복할 수 있는 가장 확실한 비결이다. 이것을 믿어야 한다.

감사는 행복의 길이다. 신앙생활을 시작하는 첫걸음이자 마지막 걸음이 감사인 것을 깨닫기 바란다. 하나님 나라의 삶을 풍성히 누리고 살려면 모든 일에 감사해야 한다.

"너는 꿀을 보거든 족하리만큼 먹으라 과식함으로 토할까 두려우니라."

(잠언 25:16)

이 땅에 살면서 '감사의 꿀'을 만족할 만큼 먹기 바란다. 헛된 세상의 그럴듯한 것들을 과식하지 말고 범사에 감사함으로 새 힘과 행복 넘치는 건강한 인생을 살기 바란다. 찬송가 191장(통 427장) '내가 매일 기쁘게'를 힘차게 부르며 주님의 집을 향한 순례의 길을 기쁘게 걸어가자!

"내가 매일 기쁘게 순례의 길 행함은 주의 팔이 나를 안보함이요/ 내가 주의 큰 복을 받는 참된 비결은 주의 영이 함께 함이라/ 성령이 계시네 할렐루야 함께 하시네/ 좁은 길을 걸으며 밤낮 기뻐하는 것 주의 영이 함께 함

이라.”(1절)

“전에 죄에 빠져서 평안함이 없을 때 예수 십자가의 공로 힘입어/ 그 발 아래 엎드려 참된 평화 얻음은 주의 영이 함께 함이라/ 성령이 계시네 할 렐루야 함께 하시네/ 좁은 길을 걸으며 밤낮 기뻐하는 것 주의 영이 함께 함이라.”(2절)

“나와 동행하시고 모든 염려 아시니 나는 숲의 새와 같이 기쁘다/ 내가 기 쁜 맘으로 주의 뜻을 행함은 주의 영이 함께 함이라/ 성령이 계시네 할렐 루야 함께 하시네/ 좁은 길을 걸으며 밤낮 기뻐하는 것 주의 영이 함께 함 이라.”(3절)

“세상 모든 정욕과 나의 모든 욕망은 십자가에 이미 못 박았네/ 어둔 밤이 지나고 무거운 짐 벗으니 주의 영이 함께 함이라/ 성령이 계시네 할렐루 야 함께 하시네/ 좁은 길을 걸으며 밤낮 기뻐하는 것 주의 영이 함께 함이 라.”(4절)

잠언은 복음이다

초판 1쇄   2020년 3월 16일

지 은 이 _ 송상철
펴 낸 이 _ 이태형
펴 낸 곳 _ 국민북스
편   집 _ 김태현
디 자 인 _ 서재형

등록번호 _ 제406-2015-000064호
등록일자 _ 2015년 4월 30일

주   소 _ 경기도 파주시 와석순환로 307, 1106-601 우편번호 10892
전   화 _ 031-943-0701
팩   스 _ 031-942-0701
이 메 일 _ kirok21@naver.com
ISBN 979-11-88125-17-3 03230